Franz Mathar

Kölner Oasen

Franz Mathar

Kölner Oasen

Bekannte und unbekannte Orte und Plätze der Beschaulichkeit und Ruhe - ein Rundgang

Greven Verlag Köln

Die Stadtpläne in den Umschlagseiten wurden mit Genehmigung der Stadt Köln, Amt für Liegenschaften, Vermessung und Kataster, vom 5. 12. 2000, Kontrollnummer 399, vervielfältigt.

Die Deutsche Bibliothek – CIP-Einheitsaufnahme

Mathar, Franz:
Kölner Oasen: bekannte und unbekannte Orte und Plätze der Beschaulichkeit und Ruhe; ein Rundgang / Franz Mathar. – Köln: Greven, 2001

Graph. Gestaltung: Franz Mathar
Druck: Greven & Bechtold GmbH, Hürth
Buchbinder: Horst Reissig GmbH, Köln

Inhalt

Vorwort

Die Hektik des heutigen Lebens läßt den Menschen nur wenig Raum für ruhige Momente. In einer Großstadt wie Köln pulsiert das Leben Tag und Nacht. Autos, Busse und Bahnen füllen die Straßen und in den Fußgängerzonen drängen sich die Käufer. Und doch gibt es hier verschiedene Oasen der Ruhe und der Beschaulichkeit. Sie zu finden und zu beschreiben, hat sich dieses Buch zur Aufgabe gemacht.

Das Thema ist eine attraktive Möglichkeit, Köln zu erwandern und in Ruhe darin zu verweilen. Kleine Pläne zeigen die Lage der beschriebenen Plätze. Wer diese Oasen entdecken und erwandern möchte, dem bietet dieses Buch ein wenig Hintergrund, Hilfe und Vergnügen. Er wird neben lauschigen Winkeln, kleinen Parks und Grünanlagen auch immer wieder auf kulturhistorische Höhepunkte der Stadt stoßen und zusätzlich zahlreiche gastronomische Angebote finden, wo man mitten in der Stadt an einem idyllischen Fleckchen in Ruhe einkehren und verweilen kann.

Berichtet wird auch über die historische Entstehung dieser Oasen. Das beginnt mit dem römischen Köln und seiner alten Mauer, in deren Nähe, am Römerturm, ein kleiner Park eine solche Oase bildet. Außerdem gibt es als Erbe des *Hilligen Coellen,* letzte Refugien rund um die alten Kirchen und Klöster. Eine weitere Entstehungsphase ist die Auflösung der Festungsstadt Köln, die mit dem Abriß der alten Stadtmauer endete: Damals entstanden die Innenstadtparks mit ihren idyllischen Ecken, die selbst vielen Kölnern noch unbekannt sind, aber auf jeden Fall einen Besuch lohnen. Die Entstehung und Entwicklung dieser Refugien und ihr früherer Zustand werden in zeitgenössischen Abbildungen dargestellt. So entsteht eine Mischung von Stadtgeschichte und sinnlichem Erleben, wie wir Kölner sie besonders lieben.

Vom Rhein zu den Ringen

Zur städtebaulichen Entwicklung Kölns

Wer sich in Köln mit topographischen Themen beschäftigt, kommt an der 2000-jährigen Geschichte der Stadt nicht vorbei. Denn hier, in der Metropole am Rhein, wurde im Laufe der Jahrhunderte buchstäblich ein Stein auf den anderen gebaut, häufig aber auch wieder abgerissen. Auch die heutigen *Kölner Oasen* sind größtenteils so entstanden. Sie sind meistens Reste einer Idylle, die sich im ständigen Wechsel von Aufbau und Zerstörung erhalten oder neu gebildet hat.

Das römische Köln

Der älteste Teil Kölns geht auf die 50 n. Chr. gegründete römische Ansiedlung *Colonia Claudia Ara Agrippinensium* zurück. Ein Rest dieser prächtigen Stadt ist noch heute sichtbar. Neben vielen archäologisch interessanten Ausgrabungen gehört dazu in erster Linie der an der Zeughausstraße gelegene Römerturm. Er war der nordwestliche Eckpunkt des römischen Köln, eines rechteckigen Areals, das sich, von der Rückseite des heutigen Doms aus, über die Burgmauer bis hierhin erstreckte. Im Westen verlief die Römermauer über die heutige St.-Apern- und Apostelnstraße und den Mauritiussteinweg bis zur Griechenpforte. Die Südseite war identisch mit dem Verlauf der heutigen *Bäche*, der jahrhundertelang wichtigsten Wasserversorgungsader Kölns. Den südöstlichen Eckpunkt bildete das wiederaufgefundene *Ubiermonument* Am Malzbüchel. Von hier aus folgte die östliche Begrenzung parallel zum Rhein An Groß St. Martin, dem Rathaus, der Straße Unter Taschenmacher bis zum nordöstlichen Eckpunkt, dem Vorplatz des heutigen Museums Ludwig auf der Domplatte.

Ab dem Jahre 310 führte die erste *Konstantinische* Rheinbrücke in Höhe des Rathauses durch die heutige Salzgasse zum gegenüberliegenden römischen Militärvorposten, dem Kastell *Divitia*, dem heutigen Deutz. Sie bestand aus festen steinernen Pfeilern im Strom, die durch Holzelemente verbunden waren.

Doch das Römische Reich dauerte nicht ewig und neue vitale Völker erschienen auf der Bildfläche, um sich ihren Platz in der Geschichte zu erobern. Trotz ihrer Zivilisation und Ingenieurskunst mußten die Römer in der Mitte des fünften Jahrhunderts den Franken weichen. Damit endete die erste Epoche der kölnischen Stadtgeschichte: Die neuen Herren verwüsteten die Stadt und errichteten auf den Trümmern das fränkische Köln.

Satyr und Mänade auf dem berühmten Dionysos-Mosaik aus dem 2. Jahrhundert. Dieses Zeugnis römischer Kultur am Rhein wurde 1943 freigelegt und befindet sich heute im Römisch-Germanischen-Museum am Roncalli-Platz.

Widmungsbild aus dem Hillinus-Codex, um 1025. In der oberen Bildhälfte eine Abbildung des karolingischen Hildebold-Domes.

Die Franken kommen

Nachdem sich der Merowingerkönig Chlodwig 507 in Köln zum König aller Franken hatte krönen lassen, begannen die christianisierten Franken, ihre neugewonnene Macht in und um Köln zu etablieren. Den Höhepunkt fand ihre Herrschaft in der Gestalt Karls des Großen, der aber im benachbarten Aachen gekrönt wurde und auch dort residierte. Nach seinem Tode spaltete sich das karolingische Frankenreich in verschiedene Unterreiche, die jeweils ganz verschiedene Entwicklungen nahmen. Seitdem regierten in Köln christliche Erzbischöfe, die fortan die Geschicke der Stadt leiteten.

In der fränkischen Zeit wurde der bis dahin noch vor der Stadt liegende Uferteil in das Stadtgebiet integriert, indem der Seitenarm des Rheins aufgefüllt wurde: Die Rheinvorstadt entstand. Sie umfaßte das Gebiet entlang des heutigen Rheinufers vom Katharinengraben im Süden bis zur Machabäerstraße im Norden. In diesem Areal befindet sich heute die Altstadt mit den ehemaligen Marktplätzen: Alter Markt, Buttermarkt, Eisenmarkt, Holzmarkt, Fischmarkt und Heumarkt. Es war das Viertel der Händler und Handwerker, die bald wichtigen Einfluß in der Stadt erhalten sollten und sich maßgeblich am wirtschaftlichen Aufschwung Kölns beteiligten. Nun konnte die große Zeit der Metropole am Rhein beginnen. Sie glänzte bereits durch mächtige Klöster und Stifte, die für fast ein Jahrtausend das Bild der Stadt prägten. Markante Punkte wie St. Andreas, St. Aposteln und St. Pantaleon sind noch heute sichtbare Zeichen dieser Entwicklung. Der fränkische Part in der Kölner Stadtgeschichte war vor allem, wie man heute zu sagen pflegt, „Basisarbeit".

Das mittelalterliche Köln

Etwa um die Jahrtausendwende begann die Zeit, in der sich das Bild der Stadt entscheidend veränderte. Immer mehr Bürger strömten in die Stadt, Handwerk und Handel blühten und benötigten mehr Raum, um den Bedürfnissen der wachsenden Stadt gerecht zu werden. Die Folge war die zweite Stadterweiterung von 1106. Zu den beiden Quartieren, der ehemaligen Römerstadt und der Rheinvorstadt, kamen zwei weitere Stadtviertel hinzu: Niederich im Norden und Oversburg im Süden. Die neue Stadtmauer reichte nun von der Kirche St. Kunibert über die Eintrachtstraße und den Kattenbug bis zum heutigen Stadtmuseum. Am Eigelstein und an der Gereonstraße befanden sich Stadttore. Das alte Stadttor an der Gereonstraße, wo heute der Börsenbrunnen steht, hieß Würfelpforte. Der Name leitet sich von „Wurfpfeil" ab, denn hier waren die städtischen Bogenschützen stationiert. Das Torgebäude – inzwischen zu einem Brauhaus umfunktioniert – wurde 1872 abgerissen. Von dort verlief die neue Mauer weiter bis zum Römerturm und dann erstreckte sie sich bis zur Ecke Alte Wallgasse und Ehrenstraße, wo das „Ehrengassentor" stand. Weiter verlief die Mauer die Benesisstraße entlang bis zum alten Hahnentor an der Kreuzung Mittelstraße. Dieses und das benachbarte Schaafentor am Rinkenpfuhl waren die strategisch wichtigen Ausfalltore nach Westen. An der Kreuzung Marsilstein und Mauritius-

Die Schlacht bei Worringen (1288) mit Herzog Johann von Brabant, Manessische Liederhandschrift (14. Jhdt.).

Ankunft der Hl. Ursula und ihrer Gefährtinnen in Köln (Gemälde um 1450 – 1460).

steinweg lag das Eifeltor. Nun folgte die Mauer wieder den römischen Wurzeln über die (damals allerdings zugemauerte) Griechenpforte, entlang dem Beginn der Bäche bis zum Perlengraben in Richtung Severinstraße. An der Kirche St. Johann Baptist befand sich die Johannispforte. Von hier führte die Mauer entlang des Katharinengrabens hinunter zum Rhein. Hier stand die als Bastion ausgebaute Neckelskaulpforte als Bollwerk der Stadt nach Süden. Am Rheinufer befanden sich viele Stadttore, von denen vor allem der Frankenturm zu nennen ist.

Diese zweite Stadterweiterung integrierte so wichtige Stiftskirchen und Klöster wie St. Kunibert, das Ursulinenkloster in der Machabäerstraße, St. Ursula, St. Mathias, St. Lupus, St. Andreas, St. Maria-Ablaß, das Zisterzienserinnenkloster St. Apern, das Franziskanerinnenkloster St. Clara, St. Aposteln, St. Georg, St. Maria Lyskirchen, St. Johann Baptist sowie noch verschiedene kleinere Klöster ins Stadtgebiet. 1172 wurde der Neubau der bei einem Brand zerstörten Basilika Groß St. Martin eingeweiht, die bis heute neben dem Dom ein markanter Bau im Kölner Rheinpanorama ist.

Außerhalb der Stadtmauer blieben vorerst noch St. Severin, die Kartause, St. Pantaleon, St. Mauritius und St. Gereon. Doch die Stadt machte schon jetzt ihrem späteren Namen *das Hillige Coellen* alle Ehre, denn die Silhouette der Stadt war von den zahlreichen Türmen der Kirchen und Klöster geprägt. An vielen dieser Orte und Plätze rund um die alten Kirchen und Klöster finden wir die Wurzeln

Der Bayenturm, Teil der Kölner Stadtmauer von 1180.

Die Südseite von St. Gereon mit der Kirche St. Christoph im Hintergrund auf einem Gemälde der Brüder Berckheyde von 1670.

der in diesem Buch beschriebenen Oasen, weil sich dort etwas von dem Geist und der Atmosphäre des mittelalterlichen Köln erhalten hat.
Doch so beeindruckend mächtig die Kirche im Stadtbild vertreten war, auch die Händler und Handwerker erlangten durch ihren wachsenden Reichtum immer mehr Einfluß und Selbstbewußtsein. Ihre Geschäfte und der damit verbundene Wohlstand wuchsen rapide und sie wollten sich nicht ständig von der geistlichen Obrigkeit gängeln lassen, sondern die Dinge des täglichen Lebens selbst in die Hand nehmen. Doch die Zeit war noch nicht reif für ihre erst später, im Jahre 1396 vollzogene Machtübernahme.
Erzbischof Rainald von Dassel brachte 1164 die Gebeine der Heiligen Drei Könige in feierlicher Prozession nach Köln. Diese wichtigen Reliquien machten Köln zu einem viel besuchten und wohlhabenden Wallfahrtsort, vergleichbar mit den damals für die Christenheit so wichtigen Orten wie Rom und Santiago de Compostela. Dies machte Köln zum Magnet für die Menschen der näheren und weiteren Umgebung. Bis zum Ende des 12. Jahrhunderts stieg die Zahl der Einwohner Kölns auf 20.000.
Gegen den Willen des Erzbischofs nahmen die Bürger eine dritte Stadterweiterung in Angriff. 1180 begannen sie mit dem Bau einer der mächtigsten Befestigungsanlagen des Mittelalters. Die Mauer hatte eine Länge von 7,5 km und zur Feldseite hin eine Höhe von fast acht Metern. Sie verfügte über 52 Wehrtürme und 36 Stadttore, davon zwölf Torburgen, von denen der Bayenturm, die Severinstorburg, das Hahnen- und das Eigelsteintor heute noch erhalten sind. Außerdem gab es auf der Mauer vier Windmühlen, nämlich die Bottmühle, die Kartäusermühle an der Ulrepforte, die Pantaleons- und die Gereonsmühle. Ihr Bau wurde ausschließlich durch eine von den Kölner Bürgern erbrachte Mahl- und Brausteuer finanziert. Ihre wehrhafte Stadtmau-

Der ehemalige Domgarten von Norden aus gesehen. Er lag dort, wo sich heute der Hauptbahnhof befindet (Gemälde von G. Fischer, 1840).

er, die während der ganzen Zeit ihres Bestehens kein einziges Mal von feindlichen Truppen überwunden wurde, stellten die Kölner 1259 fertig.
Der wirtschaftliche Reichtum des Adels und der Kaufleute nahm stetig zu, so daß ihr Wunsch nach mehr Selbständigkeit gegenüber dem Erzbischof, der nach wie vor die Geschicke der Stadt leitete, immer stärker anwuchs. Er mündete in der berühmten Schlacht bei Worringen von 1288, in welcher die Kölner Bürger an der Seite Johanns I. von Brabant eine erweiterte Mitsprache erkämpften. Ein volles Mitspracherecht gewannen die Bürger und Handwerker damit zwar noch nicht und die *Richerzeche*, ein Machtkartell des Kölner Adels, beherrschte noch für ein Jahrhundert weiter die Stadt. Die erstarkten Handwerkszünfte und Kaufleute ließen von ihren Plänen jedoch nicht mehr ab. 1359 wurde ein neues Rathaus errichtet und 1388 die Universität gegründet. Die Machtübernahme der Zünfte erfolgte schließlich 1396. Das Ergebnis ihres Befreiungskampfes war der berühmte *Verbundbrief*, eine erste in Ansätzen demokratische Stadtverfassung.
Innerhalb der Stadtmauern befanden sich große landwirtschaftlich genutzte Gebiete, auf denen Obst und Gemüse, im Süden teilweise auch Wein angebaut wurde. Die Karnevalstanzgruppe *Winzer und Winzerinnen vun d'r Bottmüll* weist noch heute auf diese Zeit hin. Daneben gab es gepflegte Gartenanlagen rund um die prächtigen Bürgerhäuser und die zahlreichen kirchlichen Anwesen. So zog sich ein erster grüner Gürtel innerhalb der Stadtmauer rund um die dicht besiedelten Gebiete der Innenstadt. Auch davon sind uns einige kleine Oasen vor allem rund um die ehemalige Kartause in der Südstadt erhalten geblieben, die schon damals viel weniger dicht bebaut waren als die Gegenden entlang der großen Ausfallstraßen nach Bonn, Trier, Luxemburg, Aachen, Venlo und Neuss, die noch heute die Namen dieser Städte tragen.

Im Immunitätsbezirk südlich des Domes, der „Hacht", waren die Verwaltung des Erzbistums und das Hochgericht. Kolorierter Stich von Lorenz Janscha (1798).

Die reichsstädtische Zeit

Nach dem Sieg der bürgerlichen Zünfte über den Erzbischof fiel Köln in ein gewisses Machtvakuum und suchte vor allem bei den deutschen Kaisern Schutz und Unterstützung. Diese wiederum liebten die für die damaligen Verhältnisse großstädtische Atmosphäre der Metropole am Rhein. Hier blühte der Handel, hier traf man die geistige und geistliche Elite, hier wurden fröhliche Feste gefeiert und glänzende Turniere veranstaltet, hier gab es Kirchen und Klöster in großer Zahl und hier gab es die gewaltige Stadtmauer, die für den Schutz und die Sicherheit der kaiserlichen Gäste sorgte. Dem althergebrachten katholischen Glauben blieb die Stadt treu, zumal die langsam wachsende Kathedrale mit ihren zahlreichen Pilgern, die zum goldenen Schrein der Heiligen Drei Könige kamen, neben dem wahren Glauben vor allem viel Geld in die Stadt brachte.

Es entstanden prächtige Zunft- und Bürgerhäuser und auch der Erzbischof residierte noch zeitweilig im Wechsel mit Brühl und Bonn wenn auch mit weniger Machtbefugnissen in der *Hacht*, dem erzbischöflichen exterritorialen Verwaltungsbezirk, rund um den Dom. Sie bildete über Jahrhunderte den „Kölschen Vatikan" und war somit neben der Kathedrale der Mittelpunkt der Stadt. Hier befanden sich das Hochgericht nebst einem Gefängnis, die Dompropstei, die theologische Fakultät der Universität, das erzbischöfliche Palais, das Heilig-Geist-Krankenhaus, ein kleiner Friedhof für die Domkleriker sowie umfangreiche Wirtschaftsgebäude mit ausgedehntem Küchenbereich und Weinkeller. Der erzbischöfliche Baum- und Tiergarten, seit 1485 der Schützenhof der Dom-

Die Stadt Köln von Norden aus gesehen, Abendstimmung am Rheinufer mit Ankunft des Postschiffes auf einem Ölgemälde des englischen Malers Joseph Mallord William Turner (1826).

herren, lag unterhalb der Kathedrale zum Rheinufer hin. Ganz offensichtlich bemühte sich der Kölner Klerus schon damals um eine grüne Oase inmitten der zahlreichen Klöster, Kirchen und Kapellen.

Der verheerende *Dreißigjährige Krieg* (1618-1648) ging an der Stadt ohne größere Schäden vorbei, sieht man einmal von der Zerpstörung von Deutz durch die Schweden ab. Der Alter Markt mit dem benachbarten Rathaus und seiner dichten Bebauung blieb das Zentrum des kölnischen Stadtlebens. Doch daneben gab es eine große Anzahl weiterer wichtiger Gebäude und Institutionen. Davon zeugt der Kölner Stadtplan des Artillerie-Hauptmanns J. V. Reinhardt aus dem Jahre 1752, der einen sehr detaillierten Bericht über die damaligen topographischen Verhältnisse in der Stadt gibt. Er ist der letzte Zeuge der Situation zum Ende der reichsstädtischen Zeit, kurz vor dem Beginn der grundlegenden politischen, gesellschaftlichen und wirtschaftlichen Umwälzungen infolge der Französischen Revolution: Neben dem Dom gab es weitere zehn Stifts-, und 21 Pfarrkirchen sowie die Abteien St. Pantaleon und Groß St. Martin. Darüber hinaus zählte die Stadt 14 Mönchs- und 37 Nonnenklöster. Ein Waisenhaus und acht Hospitäler sorgten für das Wohlergehen und die Gesundheit der Pilger und anderer Besucher. Das Zeughaus und die städtische Münze unterstanden dem Rat der Stadt ebenso wie das Kaufhaus Gürzenich, das Fischkaufhaus, die Brot- und die Fleischhalle.

Die Universität verfügte zum Ende der reichsstädtischen Zeit

Der Rathausturm von Westen aus gesehen mit dem Ratsturm und der Renaissance-Laube (niederländischer Meister, um 1860/70).

über die drei Fakultäten Theologie, Jurisprudenz und freie Künste. Drei Gymnasien und ein Priesterseminar komplettierten den Lehrbetrieb. Außerdem gab es die Anatomie, einen Botanischen Garten, eine Reit- und eine Fechtschule.

Viele der im Laufe der Zeit entstandenen schönen Bürgerhäuser waren von üppigen Gartenanlagen umgeben, in denen sich die wohlhabenden Bürger zur Erholung und zu Festen trafen. Nachdem die Stadtmauer zwischen 1630 und 1670 zur Feldseite hin durch ein Glacis erweitert worden war, entstanden noch schöne Baumalleen rund um die Stadt, die den martialischen Festungsbauten etwas Idyllisches verliehen. In den Gräben unterhalb der Mauer spielte die Jugend der Stadt in ruhigen Zeiten ausgelassen ihre Spiele und abends fanden sich Liebende hier zum Rendezvous. Das Werthchen am späteren Rheinauhafen war noch ein mit Weiden bewachsenes Inselchen, auf dem man nichts von der Geschäftigkeit kommender Zeiten ahnte.

Liberté, égalité, fraternité – die französischen Jahre

Die drei französischen Wörter Freiheit, Gleichheit und Brüderlichkeit kündigten den Kölnern unvorstellbare Umwälzungen auf allen Gebieten des politischen, wirtschaftlichen und sozialen

Lebens an. Als die französischen Truppen am 6. Oktober 1794 Köln kampflos besetzten, kamen sie in eine dem Mittelalter verhaftete Gesellschaft mit verkrusteten Strukturen. Mit der Besetzung wehte sofort ein frischer Wind durch die bisher verträumten und meist etwas verwahrlosten Straßen und Gassen der alten Stadt.

Die wichtigste Neuerung war die Auflösung der alten Zunft- und Gaffelordnung und die Einführung der Gewerbe- und Niederlassungsfreiheit. Von nun an hatten alle Bürger die gleichen Rechte, wozu auch die Religionsfreiheit gehörte. Zunehmend mehr Protestanten und Juden ließen sich in Köln nieder und befruchteten vor allem das Wirtschaftsleben. Die neuen Herren führten auch den „Code civil“, das heute noch teilweise geltende Revolutionsrecht der Franzosen, ein und gliederten die Stadt in das französische *Departement Roer* mit Hauptsitz in Aix-la-Chapelle (Aachen) ein. Die Häuser der Stadt wurden in verschiedene Bezirke aufgeteilt und Haus für Haus durchnumeriert, womit die heute selbstverständliche Hausnummer geboren war. Die bekannteste gehörte zum Haus eines Herstellers von Duftwässern, die Nummer 4711 in der Glockengasse.

Der große Verlierer bei diesen tiefgreifenden Veränderungen war die katholische Kirche. Durch die Säkularisation verlor sie den größten Teil ihres umfangreichen Besitzes, der nun auf dem freien Markt zum Kauf angeboten wurde und die französischen Kassen füllte. Trotz gelegentlicher religiöser Vorbehalte machten die Kölner von dieser günstigen Gelegenheit reichlichen Gebrauch. Vor allem die Neubürger beschafften sich zahlreiche Immobilien, in denen sie neue Unternehmen ansiedelten. So begann die Neuzeit in Köln und immer mehr Menschen strömten in die Stadt am Rhein, so daß die Bevölkerung bald auf fast 50.000 Einwohner anwuchs.

Auch für die Allgemeinheit führte die französische Verwaltung neue, wegweisende Infrastrukturmaßnahmen ein. Das ehemalige Cäcilienkloster am Neumarkt baute sie zum *Hospital général* um und zwischen Eigelstein und Rheinufer errichtete sie einen Sicherheitshafen zum Schutz der Schiffe bei Eisgang. Heute befinden sich dort die Grünanlagen des Theodor-Heuss-Rings mit ihrem idyllischen kleinen Weiher. Die größte Tat allerdings bezog sich nicht auf die Lebenden, sondern die Toten: 1810 wurde außerhalb der Stadt an der Aachener Straße der Friedhof Melaten eingeweiht. Ansonsten aber hielt sich die Bautätigkeit der Franzosen in Grenzen. Man hatte ja genügend Bausubstanz einer einstmals blühenden Metropole kostenlos übernehmen können.

Napoleonisches Stadtwappen mit drei Bienen und Kaiseradler.

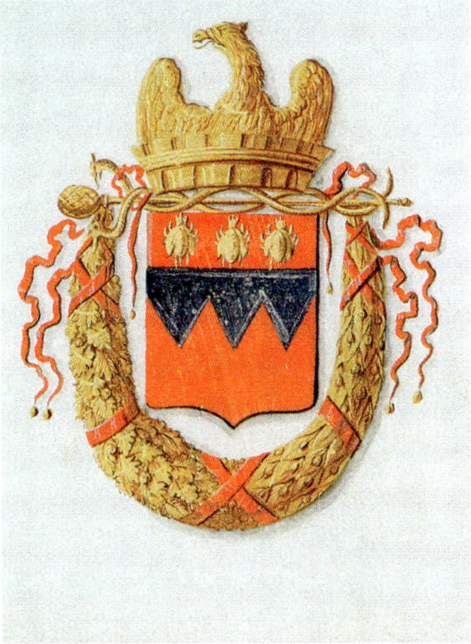

Preußens Gloria – Köln wird Großstadt

Als die Preußen und ihre Verbündeten Kaiser Napoleon in der berühmten Völkerschlacht bei Leipzig 1813 vernichtend geschlagen hatten, war die Herrschaft der Franzosen am Rhein beendet. Am 14. Januar 1814 besetzten Preußen und Kosaken Köln und gut ein Jahr später am 5. April 1815 wurde das Rheinland preußische Provinz.

Den Anschluß an Preußen kommentierte der Kölner Bankier Johann Abraham Schaaffhausen mit dem bekannten Satz: „Do hierode m'r ävver in en ärm Familich". Doch Schaaffhausen sollte sich gründlich wundern, denn die neuen Herren brachten gewaltig frischen Wind in das noch immer etwas verschlafene Köln. Verwaltung und Justiz wurden reformiert und eine weitgehende Liberalisierung von Handel und Industrie ließ die Stadt aufblühen. Der Ausbau Kölns zur Festungsstadt (1825) brachte ebenfalls Geld und neue Menschen an den Rhein. Bauliche Akzente veränderten wesentlich das Stadtbild. Allerdings waren es vorerst Verwaltungsgebäude wie der neue Appellationsgerichtshof (1826) und das Regierungsgebäude in der Komödienstraße (1832). Dann folgte ein Zentralgefängnis, der legendäre *Klingelpütz* (1838), und am Neumarkt wurde ein allgemeines Bürgerhospital (1847) errichtet.

Auch kulturell ging es aufwärts. Am 4. September 1842 legte König Friedrich Wilhelm IV. den Grundstein zum Weiterbau des Doms. Die preußische Regierung stellte dafür 100.000 Taler zur Verfügung, denn seit 1560 hatte sich der Baukran auf dem Südturm nur als Wahrzeichen des Stillstands in den Himmel gereckt.

Die zunehmende Industrialisierung des preußischen Rheinlandes wurde zwar durch die sozialpolitischen Wirren der 1840er Jahre verzögert, nicht aber in Frage gestellt. Dies zeigte sich am deutlichsten am Bau des Eisenbahnnetzes zwischen der Westgrenze und der Hauptstadt Berlin. Am 3. Oktober 1859 wurde die erste Eisenbahn-Kastenbrücke, von den Kölnern *„de Muusfall"* genannt, in Betrieb genommen und gleichzeitig der neue Central-Bahnhof an der Stelle eingeweiht, wo sich noch heute der Kölner Hauptbahnhof befindet.

Im Norden außerhalb Kölns entstand zuerst ein zoologischer Garten (1860) und anschließend die Flora (1864), ein botanischer Garten mit einem gewaltigen Glaspalast. Beide Parks waren durch Privataktivitäten der Bürger ermöglicht worden, ebenso wie der Bau der neuen Synagoge in der Glockengasse durch den evangelischen Dombaumeister Ernst Friedrich Zwirner. In ähnlicher Weise verdankt auch das Wallraf-Richartz-Museum an der Minoritenkirche (1861) seine Entstehung den großzügigen Spenden einzelner Bürger.

Das wichtigste Ereignis des 19. Jahrhunderts für Köln waren aber nicht die Industrialisierung und der wirtschaftliche Aufschwung, sondern die Fertigstellung des Kölner Doms und seine Einweihung in Anwesenheit Kaiser Wilhelms I. am 15. Oktober 1880. Köln, das Rheinland und das ganze deutsche Reich feierten dieses Ereignis

Die Severinstorburg mit preußischem Militär auf einem Bild von Jacob Scheiner von 1877.

Peter Johann Weyer erbaute 1826 das Appellationsgericht und Mathias Biercher 1830–1832 das Regierungspräsidium an der Komödienstraße und der Burgmauer. Repräsentative Bauten sollten die Macht und das Selbstbewußtsein Preußens dokumentieren.

Die Kölner Bevölkerung feierte 1880 die Vollendung des Domes in Anwesenheit von Kaiser Wilhelm I. mit einem großen Festzug.

als kulturelle Großtat. Menschen aus ganz Europa reisten nach Köln, um das nach über 600 Jahren Bauzeit fertiggestellte gotische Gotteshaus zu besichtigen. Damit war der Köln-Tourismus der Neuzeit geboren und die vielen Kölner Neubürger hatten ihr endgültiges Identifikationsobjekt gefunden: „D'r Dom".

Die wachsende Einwohnerzahl ließ die Stadt innerhalb der alten Mauern aus allen Nähten platzen. Man brauchte Raum für den Bau einer modernen Groß-

Erste Sprengung der Stadtmauer durch preußisches Militär 1881.

stadt. Vorbilder waren Brüssel und Paris. Da blieb nur eins: Die Stadtmauer, welche die Stadt wie ein Stahlband einschnürte, mußte weg. Am 11. Juni 1881 begann die Stadt mit der Niederlegung ihrer alten Festungsmauer. Die erste Sprengung fand in der Nähe des Gereonstores statt, das – ebenso wie das Friesen-, das Ehren-, das Schaafen-, das Weyer- und das Pantaleonsmühlentor – der Stadterweiterung weichen mußte. Die großen Ringboulevards und die Neustadt entstanden. Viele der alten stillen Winkel und grünen Ecken im Schatten der Mauer verschwanden. Dafür entstanden mit den weitläufigen Innenstadtparks wie dem Volks- und dem Stadtgarten neue grüne Oasen im Süden und im Westen in den nun expandierenden Wohngebieten. Weitere Parks legte die Stadtverwaltung im Norden Kölns auf den Resten der ehemaligen inneren Fortanlagen am Neußer Wall und am Rheinufer an.

Mit der Eingemeindung verschiedener Vororte 1888 rund um den Stadtkern erlebte die Stadterweiterung einen weiteren Höhepunkt und die moderne Großstadt Köln nahm Gestalt an. 35 Jahre nach seiner ersten Einweihung wurde 1894 auch der etwas näher am Dom gelegene Neubau des Kölner Hauptbahnhofs als wichtiger Bahnknotenpunkt im Westen des deutschen Reichs in Betrieb genommen. Mit der Erweiterung des Rheinauhafens zu einem pulsierenden Warenumschlagplatz inklusive Zollhafen klang das 19. Jahrhundert in Köln aus. Auch hier ging viel von der ehemaligen Idylle verloren. Nur der mächtige alte Bayenturm hielt in seiner ganzen mittelalterlichen Wucht und Würde weiter die Wacht am Rhein.

Blick auf den Heumarkt vom Alter Markt (Gemälde von Wilhelm Scheiner von 1890).

Blick vom gerade vollendeten und frisch begrünten Barbarossa-Platz zum Hohenstaufenring. 1895 lag noch eine fast ländliche Ruhe über diesem heute so verkehrsreichen Teil der Kölner Ringe.

1900 – ein ereignisreiches Jahrhundert beginnt

In den ersten vierzehn Jahren des 20. Jahrhunderts erlebten die Kölner Bürger die *Goldenen Jahre* des Kaiserreichs. Handel, Industrie und Kultur erlebten einen rasanten Aufschwung und ständiges Wachstum: Die Straßenbahn – „De Elektrische“ genannt – wurde eingeführt, die Riehler Radrennbahn gebaut (beides 1901), die Oper am Ring eingeweiht (1902) und eine neue, moderne Großmarkthalle am Heumarkt eröffnet (1904). Die elektrische Rheinuferbahn verband Köln und Bonn und der Jugendstil hielt Einzug in die Kölner Flora (beides 1906). Zwei neue Rheinbrücken (die Südbrücke 1910 und die Hohenzollernbrücke 1911) wurden in Betrieb genommen und schließlich wurde 1914 der vorher selbständige Ort Mülheim zu einem Stadtteil von Köln.

Die begeistert gefeierte Mobilmachung des Militärs zum Ersten Weltkrieg beendete 1914 diese Epoche der Kölner Geschichte. Der letzte friedliche Akt war die Einweihung der Deutzer Hängebrücke. Seitdem prägten Krieg, Tod und Mangelwirtschaft für vier Jahre lang das Leben in der Metropole am Rhein. Idylle gab es nur noch auf den zahlreichen patriotischen Feldpostkarten.

Die Köln-Deutzer Hängebrücke verband seit 1915 die aufstrebende rechte Rheinseite und die Kölner Altstadt. Die Brücke wurde im Zweiten Weltkrieg zerstört und 1948 als einfache Straßenbrücke wieder aufgebaut.

Konrad Adenauer wird Oberbürgermeister der Stadt Köln

Konrad Adenauer war von 1917 bis 1933 Kölner Oberbürgermeister.

Der chaotische Zusammenbruch des deutschen Kaiserreichs im Jahre 1918 beendete gleichzeitig eine Bau-Epoche. Auch in Köln wich die überladene Stuckornamentik der *Neuen Sachlichkeit.* Vor allem Konrad Adenauer, der bereits 1917 ins Amt gewählte neue Kölner Oberbürgermeister, schuf bis 1933 mit viel Energie und visionärem Weitblick die wirtschaftliche Basis für viele spätere bauliche Aktivitäten der Stadt. Die besten Beispiele sind der Bau der Kölner Messe und des Müngersdorfer Stadions. Trotz Besatzung, Wirtschaftskrise, Inflation und politischen Wirren hielt er das Stadtschiff immer auf Kurs. Ihm verdanken wir vor allem die Wiedereröffnung der Kölner Universität (1919) und die Umwandlung der alten Festungsanlagen in landwirtschaftlich genutzte Akkerflächen (1920). Daraus entstand dann ein Jahr später der Grüngürtel, die „Grüne Lunge" Kölns, von der wir heute noch profitieren.

Die für eine Olympiabewerbung Kölns neugeschaffenen Sportstätten in Köln-Müngersdorf

Der Messekomplex in Deutz wurde 1924 auf Initiative Adenauers errichtet.

(1923) riefen hunderttausende Sportbegeisterte zu Turnfesten und anderen sportlichen Wettkämpfen. Die Deutzer Messe festigte Kölns Ruf als wichtigen Handelsplatz. Auch baulich tat sich einiges: Am Hansaring entstand 1924 das damals höchste Haus Europas und im gleichen Jahr baute der Architekt Wilhelm Riphahn das Feinschmeckerlokal *Die Bastei* auf einem preußischen Befestigungsturm am Rheinufer. Adenauers Prestigeobjekt war die 1929 fertiggestellte Mülheimer Hängebrücke, die zu ihrer Zeit größte Kabelbrücke der Welt. Der Architekt Bruno Paul baute 1930 das heute noch als architektonisch äußerst bemerkenswert geltende *Dischhaus*. Absolute Glanzstücke von Konrad Adenauers Bauinitiativen aber waren die vielen über die Stadt verteilten Sozialsiedlungen, die vor allem Wilhelm Riphahns Handschrift tragen. Der wirtschaftspolitisch spektakulärste Coup war die Ansiedlung des US-amerikanischen Autoherstellers Ford in Köln-Niehl. Hier fanden ab 1931 tausende Menschen Arbeit.

Das „Tausendjährige Reich“ und sein Untergang

Am 13. März 1933 wurde Oberbürgermeister Konrad Adenauer abgesetzt. Er mußte Köln verlassen, um sich in Sicherheit zu bringen. Doch auch dann warfen seine architektonischen Visionen noch lange Schatten. Der von ihm initiierte Neubau der Kölner Universität an der Inneren Kanalstraße wurde 1934 von den neuen „braunen Herren“ mit viel propagandistischem Pomp eingeweiht, ebenso wie 1936 das *Haus der Rheinischen Heimat* am Deutzer Rheinufer, wo sich heute der Landschaftsverband Rheinland befindet. Ansonsten kündigten die Nazis nur viel an: Zum Beispiel sollte das *Neue Köln*, ein nationalsozialistisches Gauzentrum mit überdimensionaler Paradestraße, gewaltigen Verwaltungs- und Wohnanlagen und einer riesigen Versammlungshalle den alten Stadtteil Deutz ersetzen. Auch der für das wachsende Köln so wichtige Siedlungsbau blieb weitgehend in der Planung stecken. Statt des Aufbaus gab es aber bald die totale Zerstörung. Als am 1. September 1939 der Zweite Weltkrieg begann, ahnte noch keiner, daß die Stadt nur einige Jahre später in Schutt und Asche liegen würde. Am 13. Mai 1940 wurde Köln zum ersten Mal von der Royal Air Force bombardiert, sechs Menschen starben. Dann folgten hunderte Angriffe aus der Luft. Der schwerste Schlag war der 1.000-Bomber-Angriff am 30. Mai 1942: Etwa 500 Menschen kamen ums Leben, 45.000 wurden obdachlos, 3.330 Gebäude waren völlig zerstört und 9.510 stark beschädigt. Auch die Kirchen St. Maria im Kapitol, St. Aposteln und St. Gereon lagen in Trümmern. Am 29. Juni 1943 wurde auch der Dom schwer getroffen. Vor allem das Dach und die Deckengewölbe waren zerstört und die berühmte Kölner Dom-Orgel lag unter dem Schutt.

Solange der Krieg andauerte gingen auch die Luftangriffe weiter. Überall fand man Trümmer und obdachlose Menschen. Die ehemals so gemütliche Vorkriegsstadt versank in Chaos und Zerstörung. Am 2. März 1945 entluden alliierte Bombergeschwader zum letzten Mal ihre tödliche Fracht über der Stadt. Zurück blieb ein Ruinenfeld, das einmal die Metropole des Rheinlandes und ein kulturelles Zentrum Europas gewesen war. Zuletzt harrten nur noch 40.000 Einwohner in der Stadt aus.

Bei Kriegsende (1945) lagen die Reste der durch Fliegerbomben und Sprengung zerstörten Hohenzollern-Brücke mitten in der Fahrrinne des von der Schiffahrt verlassenen Rheins.

Die „Stunde Null“ und der Wille zum Wiederaufbau

Am 6. März 1945 marschierten die US-Amerikaner in Köln ein. Sie fanden eine total zerstörte Stadt und weitgehend desorientierte Menschen vor. Doch bereits Mitte März 1945 arbeitete wieder eine provisorische Stadtverwaltung im Allianz-Gebäude am Kaiser-Wilhelm-Ring. Die lähmende Agonie wich langsam einem neuen Selbstbehauptungswillen, so daß der Wiederaufbau bald in Angriff genommen wurde. Es war aber nicht nur die Zeit der „Männer und Frauen der ersten Stunde“, sondern auch die Bevölkerung kehrte zügig zurück. Schon im September 1945 lebten wieder 360.000 Menschen in der Stadt.
Auch Konrad Adenauer versuchte ein politisches Comeback und begann da, wo er im Jahre 1933 hatte aufhören müssen, nämlich als Kölner Oberbürgermeister. Seine Tätigkeit wurde aber im Oktober durch die Intervention der nunmehr britischen Besatzung wegen seiner Eigenmächtigkeiten für einige Monate unterbrochen. Doch schon bald war Adenauer wieder politisch im Geschäft und für ihn begann seine beispiellose Karriere als erster Bundeskanzler der Bundesrepublik Deutschland. Sein Nachfolger als Oberbürgermeister wurde Hermann Pünder, der das Amt von 1945 bis 1948 innehatte.
Vor allem anderen mußte der Bombenschutt der zerstörten Gebäude beseitigt werden: „Schöppe es jetz Trump“ hieß die Aktion, an der sich fast alle Kölner Bürger beteiligten. Insgesamt wurden zwanzig Millionen Kubikmeter Trümmerschutt in die Außenbezirke verbracht, wo sie nach noch verwertbaren Resten durchsucht wurden. Der einzige intakte Versammlungsraum Kölns war das Auditorium Maximum der Universität.
Die Bautätigkeit beschränkte sich wegen der knappen Baustoffe anfangs hauptsächlich auf Sicherungsarbeiten. Die Währungsreform am 18. Juni 1948 änderte diese Situation schlagartig, doch die ersten architektonisch anspruchvollen Bauten errichteten noch die Besatzungsmächte: Das *British Center* in der Hahnen- und das *Maison Belge* in der Cäcilienstraße boten seit 1949/50 einen krassen Gegensatz zur allgemeinen „Flickarchitektur“ im Rest der Stadt.
Im Juni 1948 befaßte sich der Rat der Stadt zum ersten Mal mit einem städteplanerischen Gesamtkonzept für den Wiederaufbau. Der Kölner Architekt Prof. Rudolf Schwarz stellte einen Vorentwurf für das „Neue Köln“ zur Diskussion. Zuerst aber mußten die zerstörten Rheinbrücken wiederhergestellt werden. Die Mülheimer und die Deutzer Brücke waren die ersten Neubauten, wenn man von der von amerikanischen Truppen erbauten provisorischen Patton-Bridge am Heumarkt absieht.
In den fünfziger Jahre begann dann der gezielte Wiederaufbau der Stadt. Namhafte Kölner Architekten wie Wilhelm Rip-

Auch die heute stark besuchte Hohe Straße war bei Kriegsende nur noch eine Durchgangsschneise zwischen Trümmerhalden. Einzig die Silhouette des Kölner Doms erinnerte noch an ihre frühere Bedeutung. Heute ist die Straße wieder eine der pulsierenden geschäftlichen Lebensadern der Stadt.

hahn, Rudolf Schwarz, Dominikus Böhm und Karl Band setzten hier Zeichen und bestimmten so maßgeblich das spätere Stadtbild. Der Wiederaufbau des Gürzenich, das neue Wallraf-Richartz-Museum, das neue Opernhaus am Offenbachplatz und der Neubau des Rathauses mit dem Spanischen Bau waren die wichtigsten architektonischen Wegmarken dieses Jahrzehnts.

Die sechziger Jahre standen im Zeichen der längst überfälligen neuen Verkehrsplanung. Da mit dem wachsenden Wohlstand große Mengen von Autos auf die Straßen drängten, brauchte man Raum für eine neue verkehrsgerechte Durchquerung der Innenstadt: Am 31. August 1962 wurde die Nord-Süd-Fahrt fertiggestellt, eine vierbahnige Stadtautobahn, die allerdings zwei uralte traditionsreiche Kölner Stadt-Quartiere zerstückelte, das Eigelstein- und das Severinsviertel. Auch die ehemals so stolze und geschichtsträchtige Sternengasse wurde in der Mitte durchtrennt und so dem freien Verkehrsfluß geopfert.

Der Bau der neuen U-Bahn setzte 1968 weitere Akzente. Doch diesmal ging die Stadt pfleglicher mit den baulichen Zeugnissen der Vergangenheit um. So wurden die beim Bau gefundenen Reste der römischen Stadtmauer an der Komödienstraße vorsichtig abgetragen und später wieder an ihrem alten Platz installiert. Auch der Neubau des Römisch-Germanischen Museums ist ein Beweis für diese neue Geisteshaltung. In den siebziger Jahren kehrte langsam der Sinn für die wertvolle Architektur der Vergangenheit zurück. Der Wiederaufbau des Historischen Rathauses und des Ratsturmes waren hier die herausragenden Projekte. Auch die Grünflächen gerieten wieder mehr ins Blickfeld der Planer. Auf dem Gelände der zweiten Kölner Bundesgartenschau 1971 entstand der neue Rheinpark mit dem Tanzbrunnen. Dieser attraktive Innenstadt-Park mit Café und Seilbahnverbindung zum Zoo gehört mit der Claudius-Therme auch heute noch zu den beliebtesten grünen Ausflugszielen der Kölner in der Mitte der Stadt.

Auch die Architektur der folgenden Jahre konnte sich sehen lassen. Großbauten wie das Vier-Scheibenhaus des WDR, das Colonia-Hochhaus, das Uni-Center, die Deutsche Welle und der Deutschlandfunk hatten bereits den Beginn einer Mega-Architektur angekündigt, der allerdings auch intimere Projekte wie die neue Hochschule für Musik und der Wohnkomplex an Groß St. Martin gegenüberstanden. In den achtziger Jahren folgten nun architektonisch anspruchsvollere Bauten wie das Maternushaus, das neue Wallraf-Richartz-Museum/Museum Ludwig mit der Philharmonie und verschiedene Hotels und Einkaufspassagen. Außerdem begann die Stadt mit der Planung für den künftigen Mediapark.

Neubauten der neunziger Jahre finden sich vor allem in den industriellen Randbezirken. Eine Ausnahme sind die verspielten WDR-Arkaden des Architekten Schwarz an der Breitestrasse, deren Neon-Architektur die Nacht erleuchtet. Die Bebauung des Friesenplatzes durch den bekannten englischen Architekten Sir Norman Foster und die Umgestaltung des Rheinauhafens sind Projekte, die im neuen Jahrhundert verwirklicht werden. Auch der teilweise bereits fertiggestellte

Das 1952 am Domkloster errichtete Blau-Gold-Haus der Parfümeriefirma 4711 war einer der ersten modernen Bauten der Nachkriegszeit.

Mediapark auf dem Gelände des ehemaligen Güterbahnhofs Gereon trägt dem Strukturwandel zur Informationsgesellschaft Rechnung. Das ständige Anwachsen des Köln-Tourismus und die neu geschaffenen Messen erfordern eine leistungsfähige moderne Hotellerie. Die entstand in den neunziger Jahren in vielfältiger Form. Aus den vielen reinen Zweckbauten ragen zwei Bauprojekte als originell und vorbildlich heraus, bei denen die Einpassung in eine historische Fassadenflucht und die Nutzung vorhandener Bausubstanz vorbildlich realisiert wurden: Das *Hotel Maritim* am Heumarkt und das *Hotel im Wasserturm* am Blaubach. Hier wurden das alte Lebensgefühl der Stadt und moderner Hotel-Komfort zu einer gelungenen Mischung verbunden.

Grünes Köln

Noch mehr als der Architektur verdankt Köln seine stillen Plätze und grünen Oasen den verschiedenen Parks und Gärten, die hier im Laufe der Jahrhunderte angelegt wurden. Der erste botanische Garten des Dr. Johann Echt entstand 1500 an der Sandkaul und diente ausschließlich wissenschaftlichen Zwekken. Die Universität nahm 1720 einen ähnlichen Garten an der Zeughausstraße in Betrieb. Der erste öffentliche Park war der Stadtgarten an der Venloer Straße. Diese Großanlage entstand bereits 1829, wurde allerdings 1864 beim Bau des Eisenbahngürtels rund um Köln erheblich verkleinert. Es folgten der Stammheimer Schloßpark

Der Rheingarten wurde 1981 auf dem Gelände der Bundesgartenschau errichtet.

(1828), die Flora (1864), der Volksgarten (1889), der Stadtwald (1898), die Rheinau-Anlagen und der Römerpark (1898), der Klettenbergpark (1907), der Vorgebirgs- und der Blücherpark (1913), der Mülheimer Stadtgarten (1913), die Erweiterung der Flora (1914) und die Anlage des Hindenburgparks (1918).
Nach dem Ende des Ersten Weltkriegs ließ Konrad Adenauer den Inneren Grüngürtel, den Volkspark an der Militärringstraße und den Äußeren Grüngürtel im Rahmen von umfangreichen Maßnahmen zur Arbeitsbeschaffung anlegen. Nach dem Zweiten Weltkrieg entstanden durch die Bundesgartenschau 1957 der Rheinpark, der 1971 zur zweiten Kölner Bundesgartenschau umgestaltet und erweitert wurde. Der neue Forstbotanische Garten in Rodenkirchen (1965) und der im Sommer stark von Touristen bevölkerte Rheingarten nahe der Kölner Altstadt (1981) runden das Angebot an größeren öffentlichen Parkanlagen ab.
Die städtische Entwicklung Kölns ist von Großprojekten geprägt, die viele kleine Winkel und ruhige Ecken in das geschäftige Leben der Großstadt einbezogen haben. Dennoch gibt es auch heute noch zahlreiche Gelegenheiten, im Alltag und „auf die Schnelle“ kurze Momente der Ruhe und Beschaulichkeit zu genießen. Denn zwischen all dem aufregenden Neuen blieb immer noch Raum für ein paar „Kölner Oasen“, die Ihnen dieses Buch näher bringen möchte.

Der wiederaufgebaute Ratsturm vom Alter Markt aus gesehen.

am Rathaus

A. Die Altstadt

Am linken Rheinufer zwischen Dom und Deutzer Brücke liegt die Kölner Altstadt, die nur deshalb so heißt, weil die ursprüngliche Altstadt im letzten Krieg fast vollständig zerstört wurde. Die neue Altstadt bildet, wenn man es großzügig auslegt, ein Viereck, das im Süden von der Deutzer Brücke, im Westen von der Hohe Straße, im Norden von der Hohenzollernbrücke und im Osten vom Rheinufer begrenzt wird. Im Gegensatz zu heute war die Altstadt der Vorkriegszeit teilweise von etwas zwielichtigen Etablissements geprägt. Ihre heutige Attraktivität verdankt sie größtenteils dem Willen der Planer, hier etwas vom Charme vergangener Jahre wiedererstehen zu lassen. Zusätzlich wurde das Viertel durch die Anlage des Rheingartens, den die unterirdische Führung der Rheinuferstraße erst möglich machte, verkehrsmäßig beruhigt.

Der wiedererbaute Alter Markt bietet dem Besucher im Sommer mit seiner vielfältigen Außengastronomie ein fast südländisches Ambiente. Die vielen gemütlichen Eßlokale jeder Geschmacksrichtung lassen jedes Jahr viele tausend Touristen in das neue alte Viertel strömen. Vom Kölschen Brauhaus bis zum Gourmet-Tempel ist hier alles zu finden. In diesem Viertel speisen Promis neben Amis und Kölsche neben Imis, „für jeden etwas" heißt die Devise.

Die Errichtung verschiedener qualitativ hochstehender moderner Wohnkomplexe hat den menschlichen Faktor in der Kölner Altstadt verstärkt und die Entwicklung zu einem Kölner Disneyland verhindert. Das kulturelle Angebot reicht vom Konzert in der Philharmonie über rheinische Stimmungslokale bis zur urigen Jazzkneipe. Regelmäßige Flohmärkte und sommerliche Stadtfeste komplettieren das attraktive Angebot. Zusätzlich umgibt einen hier der Hauch der Historie einer alten Stadt, die jedem etwas zu bieten hat. Suchen wir hier unsere ersten Oasen, wo man abseits des Touristentrubels in Ruhe und Beschaulichkeit sitzen und sein Kölsch oder seinen Wein trinken kann.

1. Die Ostseite von Groß St. Martin

Der Blick vom Fischmarkt an der Rheingartenanlage hinauf zum mächtigen Kirchturm von Groß St. Martin ist einer der schönsten in ganz Köln. Der Turm der romanischen Basilika überragt heute die Altstadt. Das erst 1873 endgültig vollendete Bauwerk wurde im Zweiten Weltkrieg stark zerstört, ist heute aber wieder vollständig restauriert. Unterhalb der mächtigen Kirche bestimmen vier spitzgiebelige Häuser mit vorkragenden Obergeschossen das malerische Bild am Fischmarkt. Früher schmiegten sich weitere Häuser unmittelbar an die Ostseite des Chores. Sie wurden 1892 abgerissen, um die Kirche zur Mauthgasse hin freizulegen.

Im Sommer drängen sich die Besuchermassen durch die Kölner Altstadt. Ein kleines Stück abseits, unterhalb des Chors von Groß St. Martin, aber oberhalb der alten römischen Rheinmauer, liegt ein kleines idyllisches Plätzchen: Der frühere Pfarrgarten der Kirche, der heute als Spielplatz für den nahen Kindergarten genutzt wird.

Auf der anderen Straßenseite steht das 1967 wieder neu errichtete Stapelhaus, jetzt das *Haus des Kölner Handwerks*. Vor seiner Zerstörung im letzten Krieg diente es dem Naturkundemuseum als Domizil. Ursprünglich befand sich hier das zwischen 1558 und 1568 erbaute zweischiffige Fischkaufhaus der Hansestadt. Es war der Um-

Die Rheinseite von Groß St. Martin von der Mauthgasse aus gesehen.

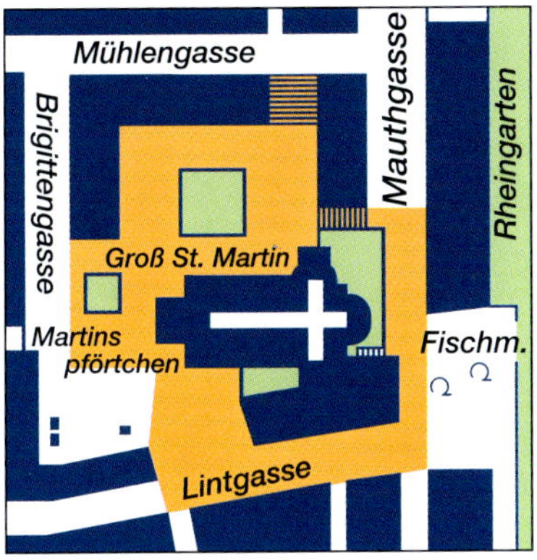

schlagplatz für einen der wichtigsten Kölner Exportartikel im Mittelalter und der Frühen Neuzeit, den gesalzenen Hering. Das Brandzeichen auf den hölzernen Tonnen garantierte den Käufern von Holland bis nach Hessen korrektes Gewicht und beste Qualität. Später wurde das Gebäude dann als Stapelhaus genutzt. Stapeln bedeutete, daß alle verschifften Waren, die rheinauf- oder rheinabwärts transportiert wurden, erst einmal in Köln ausgeladen und im Stapelhaus gelagert werden mußten. Hier hatten die Kölner Kaufleute ein Vorkaufsrecht, das sie auch weidlich nutzten, um sich jeweils die besten Stücke zu sichern. Als die französische Revolutionsregierung um 1800 die allgemeine Gewerbefreiheit einführte, wurde aus dem Stapel- ein reguläres Lagerhaus im Zollhafen. Seitdem heißt die Straße auch Mauthgasse.

Hier wurde im Haus Nr. 9 im Jahre 1807 Robert Blum als Sohn eines Faßbinders geboren. Der Revolutionär, Buchhändler und linke Abgeordnete der ersten demokratischen Versamm-

lung in der Paulskirche von 1848 wurde im gleichen Jahr bei einem Aufstandsversuch in Wien verhaftet und hingerichtet. Der Zollhafen mit seinem regen Betrieb lockte nicht nur viele Arbeitskräfte, er zog auch die Schmuggler an. Einige von ihnen waren auch beides in einer Person. Daher wurde das Viertel unterhalb von Groß St. Martin zum Eldorado für Hehler und Diebe. Als der Zollhafen 1898 aufgelöst und die Rheinfront geöffnet wurde, verschwanden diese ungebetenen Gäste aber wieder.
Beim Neubau des Wohnkomplexes durch den Architekten Schürmann auf dem Gelände der ehemaligen Benediktinerabtei von Groß St. Martin integrierte der Architekt die kleine Oase, so daß sie den Kindern des Viertels erhalten blieb. Eine etwas versteckte Treppe führt zu dem Garten, von dem aus Sie einen schönen Blick auf den Fischmarkt und die Mauthgasse haben. Ein alter Weg von hier aus hinunter zum Fischmarkt ist inzwischen von einem Gitter versperrt. Diese kleine Oase gehört nun den Kindern des Pfarrkindergartens. Gerne gönnen wir sie ihnen mitten in der Altstadt als Ausgleich für die verschiedenen unliebsamen Erscheinungen im Zusammenhang mit dem umfangreichen Tourismus in ihrem unmittelbaren Umfeld.

Rechts: Vom Innenhof aus ragt der mächtige Turm der Basilika in den Himmel. Nach der fast völligen Zerstörung im Zeiten Weltkrieg prangt er heute wieder in alter Pracht.

Zwischen Kirche und Mühlengasse befindet sich ein idyllischer Innenhof.

2. Zum Tünnes und Schäl-Denkmal An Groß-St.-Martin

Durch einen kleinen, zwischen zwei Geschäften versteckten Durchgang gelangen wir vom Alter Markt zum Portal der ehemaligen Benediktinerabtei Groß St. Martin. Die Kirche wurde um 960 vom Kölner Erzbischof Bruno gegründet und um etwa 1000 in ein Benediktinerkloster umgewandelt. Groß St. Martin ist ein romanischer Bau mit einem mächtigen Ostturm, den vier kleinere Flankierungstürme begrenzen. In seiner langen, wechselvollen Geschichte erlitt er immer wieder schwere Schäden durch verschiedene Brände und 1434 durch ein Unwetter, bei dem zwei der vier Türme durch das Dach in die Kirche stürzten. Auch im Zweiten Weltkrieg wurde das Bauwerk so schwer in Mitleidenschaft gezogen, daß es viele Jahre dauerte, bis es sich wieder in der alten Form präsentieren konnte.

Auf der linken Seite, wo sich früher der Kreuzgang des Klosters befand, erstreckt sich nun der Innenhof eines modernen Wohnkomplexes, in dem mehrere Terrassencafés zu einer kurzen Rast einladen. Im Schatten der mächtigen romanischen Basilika folgen wir nach rechts dem Brigittengäßchen, dessen Name an die im 19. Jahrhundert abgerissene Kirche St. Brigida erinnert. Diese stand an der Stelle zwischen Groß St. Martin und der Lintgasse, wo sich heute das Pfarrhaus befindet.

Hier finden wir einige kuriose Sehenswürdigkeiten, die es wert sind, einmal näher betrachtet zu werden: Als erstes die 1967 von dem bekannten Kölner Mäzen

Links: Die beiden Kölner Originale Tünnes und Schäl haben ihren Ehrenplatz vor dem Hauseingang des „Kallendressers“ gefunden.

Das Martinspförtchen führt vom Alter Markt nach Groß St. Martin.

Jupp Engels errichtete und vom damaligen Oberbürgermeister Theo Burauen feierlich eingeweihte „Schmitz-Säule“. Sie wurde aus römischen Mauerresten errichtet, die in der Nähe des Alter Markt gefunden wurden und auf ihr befinden sich eine Reihe von Texten und eine Hochwassermarke von 1784. Der wichtigste Text ist es wert, im Wortlaut wiedergegeben zu werden: „An dieser Stelle lag einst, vom Rhein umflossen, die Martinsinsel. Vor dem Jahre 1000 n. Chr. wurde sie, durch Anschüttung des römischen Hafens, mit dem linksrheinischen Kölner Ufer verbunden. Auf der Insel trafen sich römische Legionäre und blonde Ubiermädchen: die Urahnen der Familie Schmitz“. Eine nicht ganz ernstzunehmende, wohl aber charmante These, denn tatsächlich trennte ein kleiner Rheinarm diesen Teil Kölns vom „Festland“, bis dieser ehemalige Naturhafen im 10. Jahrhundert zugeschüttet und das Stadtgebiet entsprechend vergrößert wurde.

Hinter der „Schmitz-Säule“, bescheiden an der Hauswand, steht das „Tünnes und Schäl-Denkmal“ aus Bronze des Kölner Bildhauers Wolfgang Reuter. Es erweist seine Reverenz den beiden kölschen Symbolfiguren, welche dem Kölner mit ihren unzähligen Witzen und Geschichten so oft und so tief aus der Seele sprechen.

Genießen Sie an sommerlichen Tagen, in einer Ecke des kleinen idyllischen Plätzchens, etwa auf der benachbarten Terrasse des Gaffel-Hauses, den Geist und das Flair dieses urkölschen Ortes. Ein kühles Glas Kölsch, im Schatten von Groß St. Martin genossen, steigert natürlich noch dieses gute Gefühl.

Kühn und sehr kraftvoll wächst der Vierungsturm aus dem Dreikonchenchor der katholischen Pfarrkirche Groß St. Martin empor.

OCH WAT WOR DAT

3. Rund um den Brunnen am Ostermannplatz

Zu einem etwas versteckten idyllischen Ort, dem Ostermannplatz, gelangt man von der Straße Unter Käster zwischen dem Alter Markt und dem Heumarkt durch ein kleines, kaum wahrnehmbares Gäßchen. Dieser Platz hat in den letzten Jahren durch eine gediegene Sommergastronomie viel an Attraktivität gewonnen. Den Mittelpunkt bildet der Ostermann-Brunnen mit seinen kölschen Figuren. Hier sind alle die Typen dargestellt, die der große Kölner Volkssänger Willi Ostermann in seinen unzähligen Liedern besungen hat: „Et Schmitze Billa met dä Villa in Poppelsdorf, dem Schmitz sing Frau, die durchgebrannt es, et Angenies, wat jet rötsche soll, de Wienands, die ene Has em Pott hann un de Frau Schmalz, de Frau Dönn und de Frau Plünn.“

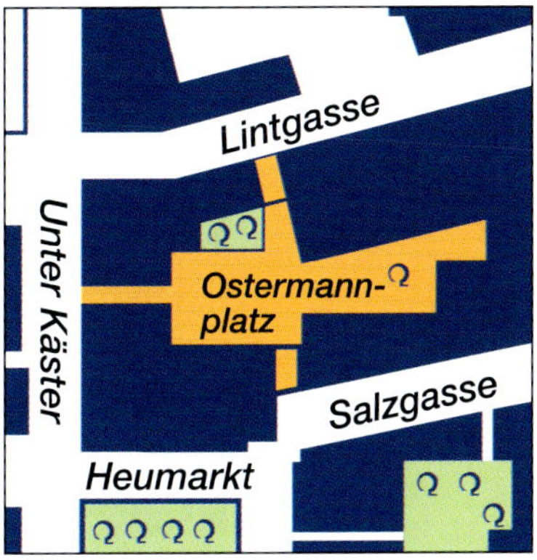

Der Brunnen wurde 1939 vom Festkomiteepräsidenten Thomas Liessem angeregt und auch von ihm eingeweiht, und viele Jahre lang wurde hier auf dem Platz am Elften im Elften der kölsche Straßenkarneval eröffnet. Erst als aufgrund des wachsenden Zuspruches der Jecken der Platz zu klein wurde, wanderte die Veranstaltung auf den Alter Markt.

Der Komponist und Volkssänger Willi Ostermann.

Titelblatt eines seiner bekannten kölschen Karnevalslieder.

Links: Der Ostermannplatz im Herzen der Altstadt. Hier setzten die dankbaren Kölner Bürger einem ihrer beliebtesten Künstler aller Zeiten ein Denkmal.

Eine Messingplatte am Sockel des Brunnens nennt die Namen der Stifter.

Durch vier kleine Durchgänge – das Kastellsgäßchen, die Lintgasse, die Salzgasse und Auf dem Rothenberg – gelangt man in diese kölsche Oase, deren Ambiente selbst die totale Zerstörung der Kölner Altstadt im Zweiten Weltkrieg nichts anhaben konnte. Der kleine versteckte Platz ist ein Stück Kölner Geschichte geworden, verbunden mit einem der bekanntesten Söhne der Stadt, die ihm hier sein verdientes Denkmal setzte. Der Brunnen mit den typisch kölschen Figuren der Lieder des Künstlers Ostermann paßt haargenau ins Ambiente der Kölner Altstadt, wo die dargestellten Typen einmal ihre Heimat hatten. Kein anderer als der 1876 in Mülheim geborene Künstler traf so mitten in die Kölsche Seele wie Willi Ostermann mit seinen vielen Karnevals- und Rheinliedern. Nicht zufällig gelten seine Lieder „Heimweh nach Köln“ und „Och wat wor dat fröher schön doch in Colonia“ als die heimlichen Nationalhymnen der Kölner.

Hier an diesem ruhigen Ort kann man es sich an warmen Sommertagen im Schatten eines großen Baumes mit guten Freunden und einem kühlen Glas Kölsch oder Wein so richtig gut gehen lassen. Der Biergarten des Brauhauses Päffgen bietet hierzu eine gute Möglichkeit. Von dieser Stelle aus kann man seinen besinnlichen Kölner Altstadtbummel fortführen, der abseits der Touristenströme an die weiteren ruhigen Plätze führt, die hier auch heute noch existieren.

Die Figuren des Halbreliefs rund um den Brunnen stellen die zahlreichen kölschen Typen dar, die Willi Ostermann in seinen Liedern so gerne besungen hat.

NISCHEN VOLKSLIEDERD

Puppenspiele

4. Der Eisenmarkt mit Hänneschen-Theater und Millowitsch-Denkmal

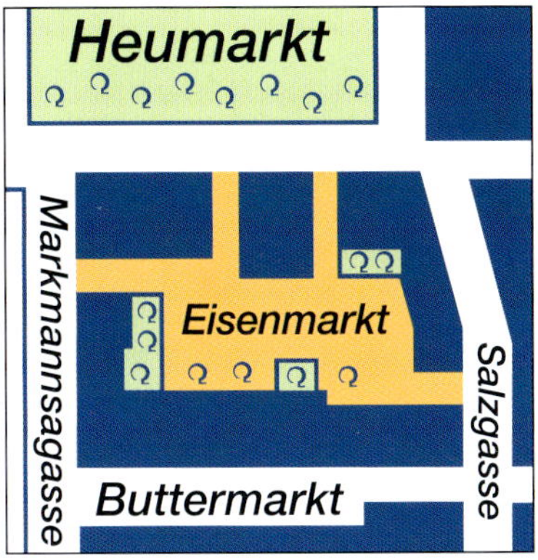

Der Eisenmarkt entstand erst durch die Altstadtsanierung in den zwanziger und dreißiger Jahren. Vorher gab es hier ein Gewirr von verwinkelten Straßen und kleinen Gassen, die einen mehr oder weniger zweifelhaften Ruf genossen. Nach dem Zweiten Weltkrieg entstand dann der Platz in seiner heutigen Form. Nur durch einige kleine Gäßchen und Durchfahrten gelangt man in diese Altstadt-Oase, in der Ruhe und Beschaulichkeit vorherrschen.

Die Umsiedlung des kölschen Nationaltheaters, des „Hänneschen", im Jahre 1938 von der Sternengasse an den Eisenmarkt wertete den Platz, der vorher keine besonderen Attraktionen besaß, erst so richtig auf. Jedes

Der Eisenmarkt, Heimat des Hänneschen-Theaters, einst und jetzt.

Auch Volksschauspieler Willy Millowitsch hat hier seinen Platz gefunden.

Jahr im Sommer erlebt der Platz ein besonderes Fest, wenn das Hänneschen-Theater seine große *Hänneschen-Kirmes* feiert. Dann strömen tausende Besucher zu dieser urkölschen Institution auf den Eisenmarkt, um gemeinsam zu feiern und zu lachen: Ein Tag, an dem jeder die kölsche Seele so ganz aus der Nähe betrachten kann. Diese für die Kölner Stadtkultur so wichtige Institution war vorher im Hinterhof des *Rubens-Hauses* in der Sternengasse untergebracht. Das Haus trug seinen Namen deshalb, weil hier der berühmte Maler Peter Paul Rubens im 16. Jahrhundert seine Kindheit verlebt hatte. Der allgemeine Trend zur Außengastronomie schuf am Eisenmarkt eine Ruhezone zum Entspannen und Verweilen. Durch ein Denkmal für den *kölschen Jung* und Volksschauspieler Willy Millowitsch erhielt der Eisenmarkt darüber hinaus sein Adelsprädikat, soweit das in einer bürgerlichen Stadt wie Köln möglich ist. Willy Millowitsch, der 1999 im hohen Alter von neunzig Jahren in seiner Heimatstadt verstarb, trug wesentlich dazu bei, den deftigen Kölner Witz und Humor in der ganzen Bundesrepublik bekannt zu machen. Besonders in den ersten Jahren der deutschen Fernsehunterhaltung waren die Übertragungen aus dem Volkstheater Millowitsch Ereignisse, welche die ganze Nation vor dem Fernseher versammelten. Mit dem „Etappenhas“, dem „Meisterboxer“ und vielen anderen Rollen spielte sich Willy Millowitsch in den Nachkriegsjahren in die Herzen des gesamten bundesdeutschen Fernsehpublikums. Die gegenwärtige Neugestaltung des Heumarkts beruhigt das Umfeld am Eisenmarkt. In diesem Teil der Innenstadt entsteht eine attraktive Fußgängerzone vom Neumarkt bis zum Rheinufer, die es in dieser Form noch nie gab, und der Eisenmarkt ist ein kleiner aber feiner Teil davon. Rund um den Eisenmarkt bieten sich Möglichkeiten zur Einkehr in großer Zahl. Dem Freund kölscher Bierseligkeit kann man *St. Peter am Heumarkt*, das *Altstadt-Päffgen* und das Brauhaus *Zum Walfisch* in der Salzgasse empfehlen.

Sattes Grün schmückt im Sommer die Mitte des Eisenmarkts.

5. Über die Domtreppen zum Museum Ludwig

Für viele Jahrhunderte war der Blick auf die Rückansicht des Domes mit dem architektonisch einmaligen Domchor durch die Stiftskirche St. Maria ad gradus verbaut. Der Namenszusatz *ad gradus* heißt auf deutsch „Zu den Stufen“: Hier führten schon vor dem Bau der Marienkirche – Erzbischof Anno II. ließ sie 1075 errichten – Treppen zum nahen Rheinufer hinunter. Diese Kirche in unmittelbarer Nähe des Doms wurde im Laufe der Jahrhunderte mehrfach erweitert und verschönert und mit den dazugehörigen

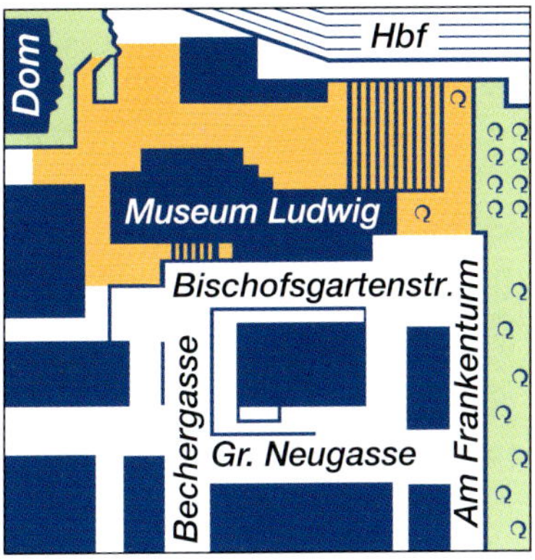

Stiftsgebäuden vor allem von Klerikern genutzt, die im benachbarten erzbischöflichen Verwaltungszentrum, der „Hacht“, ihren Dienst versahen.

Links: Majestätisch überragt der Dom die Treppen zum Museum.

Die Kirche St. Mariengraden gezeichnet von Joh. Finckenbaum (1660).

Die Frankenwerft mit ihrer Außengastronomie lockt Kölner und Touristen.

Die meisten Mitglieder verließen das Stift bereits 1794, als die französischen Revolutionstruppen ins Rheinland einmarschierten. 1803 wurde es von den Franzosen geschlossen und die Kirche als Magazin genutzt. Einige Jahre später mußte sie zur Verschönerung der Domumgebung ganz weichen. Nach dem Abriß blieb nur der Domherrenfriedhof erhalten, den man noch heute auf der Domplatte besichtigen kann. Bis zur Fertigstellung des Domes 1880 war der Hügel vollkommen abgetragen, und mit dem Abraummaterial die Rheinuferpromenade an St. Kunibert aufgefüllt worden. Verschiedene Hotels, die neue Hohenzollernbrücke und der Hauptbahnhof engten dann die Rückseite des Doms aber bald schon wieder ein. An der Stelle des heutigen Römisch-Germanischen Museums stand um 1880 die Dombauhütte. Im Zweiten Weltkrieg befand sich hier der „Dombunker“, in dem Reisende vom nahen Hauptbahnhof bei Bombenalarm Schutz suchen konnten.

Nach dem Zweiten Weltkrieg diente das Gelände zuerst als zentraler Busbahnhof. Die ursprünglich vorhandenen Domtreppen entstanden erst wieder, als das mit der Kölner Philharmonie kombinierte größte neue Museum der Bundesrepublik, das Wallraf-Richartz-Museum/ Museum Ludwig, gebaut und der neue Rheingarten angelegt wurde. Der Blick zum gotischen Chor des Doms ist nun einer der schönsten in Köln und die Verlegung des Verkehrs in die unterirdische Rheinuferstraße schuf hier eine Oase der Ruhe und Ästhetik, auch wenn man den Ort im Sommer mit vielen Touristen teilen muß. Die kulinarische Flaniermeile am Fuße der Treppen in Richtung Groß St. Martin bietet dem Besucher an Speisen und Getränken alles, was das Herz begehrt.

Der Kölner Rheingarten an der Uferpromenade mit seinen umfangreichen Anlagen unterhalb der Domtreppen läßt das Gotteshaus heute fast im Grünen gelegen erscheinen.

6. Der Innenhof von St. Andreas

Wer heute die Hauptgeschäftsstelle der Deutschen Bank aufsucht, der gelangt von der Komödienstraße oder von der Straße An den Dominikanern in eine unvermutete Ruhezone in unmittelbarer Nähe von Bankenviertel und Hauptbahnhof. Zwischen der heutigen Kapital-Kathedrale, der Deutschen Bank, und der ehemaligen Klosterkirche mit dem Sarkophag des berühmten Kirchenlehrers, Politikers und Wissenschaftlers Albertus Magnus hat sich eine artifizielle Atmosphäre gebildet, die durch die mittelalterliche Fassade der

Statue des Albertus Magnus an der Komödienstraße. - Links: Im Innenhof moderne Plastiken von Ansgar Nierhoff.

Kirche und durch die modernen Plastiken von Ansgar Nierhoff noch zusätzlich verstärkt wird. Die geplanten Kirchenfenster des Düsseldorfer Malers Markus Lüpertz für St. Andreas, die bereits im Entwurf fertiggestellt sind, werden diesen Eindruck noch vertiefen. Vorn an der Komödienstraße schirmt der Konvent der Dominikaner die Beschaulichkeit des Innenhofes gegen den lauten Verkehrslärm ab. Die Dominikaner haben hier seit 1947 im *Konvent neben St. Andreas* ihr Domizil gefunden. Sie bereichern in unserer Zeit mit vielen verschiedenen Aktivitäten das kirchliche und kulturelle Leben der Stadt. Ursprünglich lebten sie im Heilig-Kreuz-Kloster in der Stolkgasse, das 1798 von den französischen Revolutionstruppen aufgelöst wurde. Diese richteten hier zuerst einen Pferdestall und anschließend eine Artillerie-Kaserne ein. Die Preußen übernahmen nach ihrem Einzug in Köln die Kaserne und benutzten sie als solche weiter. In der Kaiserzeit mußten die Gebäude dann dem Bau der Kölner Hauptpost weichen. Seit der Schließung des Klosters

waren die Dominikaner auf verschiedene Orte innerhalb der Stadt verteilt.
Die seit 974 errichtete romanische Kirche bekam 1414 einen gotischen Anbau mit hohen Glasfenstern. Im Zweiten Weltkrieg wurden die Kirche und die sie umgebenden Gebäude stark zerstört. Inzwischen ist das Gotteshaus wiederhergestellt und aufwendig restauriert. 1998 erhielt es eine der schönsten Kölner Orgeln, die während der Gottesdienste sowie in zusätzlichen Konzerten zu hören ist. Auf dem Seitenteil des Rosenkranzaltars, der sich rechts vom Eingang befindet, können Sie ein Bildnis des St. Petrus Martyr, des Schutzheiligen der Kölner St. Petrus von Mailand-Brauerbruderschaft besichtigen. Diese uralte Vereinigung feiert hier bereits seit 600 Jahren zweimal im Jahr festliche Gottesdienste zu Ehren ihres Patrons.
An der Ostseite des Innenhofes hat sich im Laufe der Jahre eine ansehnliche Gastronomie angesiedelt, die bei schönem Wetter zum Verweilen einlädt. Auch dieser Platz lohnt einen Besuch, vor allem in Zusammenhang mit einer Besichtigung der Kirche St. Andreas.

St. Andreas, Stich von J. P. Weyer (1838) *Rechts: Der Innenhof von Osten.*

WDR

7. Die „Rotkehlchensiedlung“ an der Mariengartengasse

Eine ganz besondere Oase ist die heute leider nur bedingt zugängliche Gartenanlage der Dompropstei an der Mariengartengasse. Sie befindet sich direkt gegenüber dem Dom auf dem topographisch höchsten Punkt der Stadt. Im Süden begrenzen die zahlreichen Gebäude des WDR, im Norden die Burgmauer und im Osten verschiedene kirchliche Einrichtungen das grüne Areal. Wegen der hier lebenden hochrangigen Kleriker, die als Zeichen ihres kirchlichen Ranges rote Krageneinsätze tragen, wird sie im Volksmund „Rotkehlchensiedlung“ genannt. Überragt von Dom und WDR-Hochhaus, hat sich hier im Laufe der Jahrzehnte ein schöner Baumbestand entwickelt und es wurden schattige Wege und liebevoll gepflegte Blumenbeete angelegt. Ursprünglich stand an dieser Stelle die kleine Kirche St. Margarethen mit einem kleinem Friedhof und einem Pfarrhaus.

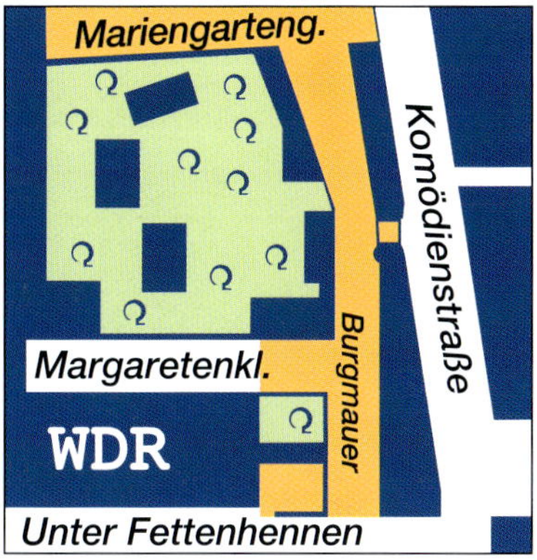

Links: Park und WDR. *Rechts: Joh. Finckenbaum, St. Maria-Garten (1660).*

Blühende Rosensträucher im Mariengarten, dem Innenhof der Dompropstei.

Sie wurde bereits 1172 urkundlich erwähnt und stand genau an der Stelle, wo heute Touristen aus aller Welt verweilen, nämlich auf dem Gelände der bekannten Reichard-Terrasse. Im Mittelalter befand sich an der Stelle des Café Reichard die städtische Brothalle und im Nachbarhaus gründete 1593 Johann Gymnicus eine der ersten Druckereien Kölns. St. Margarethen gehörte zur Dompfarre und das Pfarrhaus diente damals wie heute als Wohnsitz des Dompropstes.

Am westlichen Rand des Grundstücks, wo heute der Verkehr über die Nord-Süd-Fahrt rollt, befand sich St. Maria im Garten. Das Zisterzienserinnenkloster gehörte zur Pfarre St. Kolumba und wurde bereits 1220 erwähnt. Die hier lebenden Nonnen erhielten viel Unterstützung aus höchsten Adelskreisen, so daß sie ihr Kloster mehrfach erweitern und verschönern konnten. Hinter den Gebäuden des Klosters am heutigen Appellhofplatz lagen die ausgedehnten Kräuter- und Gemüsegärten, die dem Kloster seinen Namen gaben.

Wie vielen anderen kirchlichen Einrichtungen der Stadt bereitete die französische Revolutionsregierung auch diesem Kloster ein jähes Ende. 1802 wurde es geschlossen und verkauft. Anschließend etablierte sich dort eine Privatschule, die aber bald dem preußischen Bauboom zum Opfer fiel. Die Gärten wurden in das Areal des Appellhofplatzes integriert und nur ein Teil fiel an seinen ehemaligen Eigentümer, die katholische Kirche, zurück.

Nach den verheerenden Zerstörungen des Zweiten Weltkriegs wurde hier ein grünes Refugium geschaffen, das vom Klerus, einigen kirchlichen Einrichtungen und von deren Mitarbeitern genutzt wird. Auch wenn man den Park der Dompropstei auch nur von Ferne besichtigen kann. Eine Rast bei Kaffee und Kuchen auf der Terrasse des Café Reichard mit Blick auf die mächtige Kathedrale entschädigt den Besucher für die geschlossenen Pforten.

Die gleißende Morgensonne scheint durch die Domtürme in den schönen Baumbestand des Parks.

B. St. Maria im Kapitol und St. Maria Lyskirchen

Ein Rundgang durch Kölns Oasen ist ohne Orientierung an den vielen Kirchen und Kapellen undenkbar. Deshalb sind der Ausgangs- und der Endpunkt dieses Weges die ehemalige Stiftskirche St. Maria im Kapitol und die Pfarrkirche St. Maria Lyskirchen. Beide liegen auf kleinen Hügeln und beide sind der Gottesmutter geweiht. Über die Treppen am Lichhof gelangt man entweder durch die Rheingasse oder den Filzengraben hinab zum Rheinufer. Beide Straßen haben im Laufe der Zeit viel von ihrer ursprünglichen Originalität und Noblesse verloren. Es ist heute fast undenkbar, daß in der Rheingasse einmal die vornehmen Stammhäuser der berühmtesten Kölner Patriziergeschlechter standen. Nur das wiedererstandene Overstolzenhaus, in dem der preußische König Wilhelm IV. und die englische Queen Victoria an feierlichen Banketten teilnahmen, vermittelt noch etwas von dieser glanzvollen Epoche. Der benachbarte Heumarkt lockte ebenfalls die Geldaristokratie hierher, was nicht zuletzt daran abzulesen ist, daß die Börse zeitweilig im Overstolzenhaus untergebracht war. Der Weg von St. Maria im Kapitol nach St. Maria Lyskirchen führt über den Filzengraben. Hier befand sich das bekannte, im letzten Krieg zerstörte Zunfthaus der Faßbinder, das mit seinem mächtigen Giebel die Straße dominierte.

St. Maria Lyskirchen lag früher genau wie St. Kunibert unmittelbar am Rheinufer. Nach der Befestigung des Rheinufers im 12. Jahrhundert befand sich das Gotteshaus dann innerhalb der Stadtmauer. Als diese zu Ende des 19. Jahrhunderts fiel und die Rheinuferstraße entstand, rückte St. Maria Lyskirchen aber wieder direkt ans Rheinufer. Auf einem kleinen Hügel gelegen, wirkt sie bei Hochwasser wie eine Insel im Strom.

8. Der Lichhof und das Dreikönigenpförtchen

Wer auf dem Weg oberhalb der Pipinstrasse am Seniorenheim von St. Maria im Kapitol vorbei in östlicher Richtung wandert, gelangt zu einem kleinen ruhigen Platz hinter dem Chor der Kirche, dem Lichhof. Der Name leitet sich von dem Wort Leiche ab und erinnert an den Friedhof des benachbarten Klosters der Benediktinerinnen.

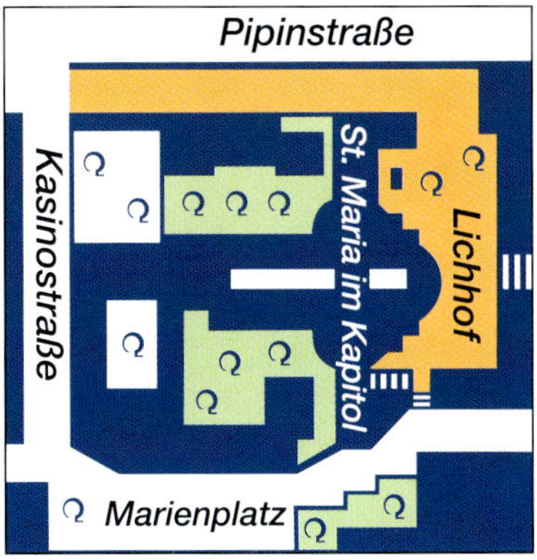

Auf diesem Hügel sollen in römischer Zeit Jupiter, Juno und Minerva verehrt worden sein. Genaues weiß man nicht, nur soviel, daß hier, in unmittelbarer Nähe zur Kirche, 1895 rund 200.000 Bronzemünzen mit dem Bild des römischen Kaisers Konstantin gefunden wurden, die ein Gesamtgewicht von etwa sechs Zentnern hatten. Das spricht dafür, daß dies ein wichtiger Ort der römischen Verwaltung gewesen sein muß.

Der heutige Lichhof ist wieder das, was er vor seiner Zerstörung schon einmal war, eine Oase der Ruhe und Beschaulichkeit mitten in der Stadt. Im Hintergrund das alte Pfarrhaus.

Oben vom Lichhof-Plateau über dem Malzbüchel führt die höchste Kölner Stadttreppe hinunter zur Plectrudengasse. Plektrudis war die fromme Ehefrau des

Auf einem zeitgenössischen Stahlstich von Jobst Riegel nach einer Zeichnung von Ludwig Lange von 1844 sieht man die Rückseite von St. Maria im Kapitol und den Lichhof in seinem alten, etwas ländlichen Zustand.

Die 1949 entstandene Plastik „Die Trauernde" von Gerhard Marcks vor dem Eingang zur Sakristei ist ein gelungenes Beispiel für das Einbinden moderner Kunst in ein wiederhergestelltes mittelalterliches Ambiente.

fränkischen Hausmeiers Pipin I. Sie soll auf diesem Hügel bereits im achten Jahrhundert eine erste Kirche gegründet haben. Der Kölner Erzbischof Bruno I. richtete hier anschließend ein Kloster ein und im 11. Jahrhundert entstand dann die Kirche in ihrer heutigen Form. Die einfachen Schwestern des hl. Benedikt machten später vornehmen Damen aus dem Adel Platz. Wie wichtig diese Kirche im Laufe der Zeit wurde, ist einem Bericht des Chronisten Hermann von Weinsberg aus dem 16. Jahrhundert zu entnehmen: Alle Kölner Bürgermeister mußten nach ihrer Wahl zuerst einen Gottesdienst in St. Maria im Kapitol absolvieren, ehe sie ihr Amt antreten konnten. Die Kirche besaß außer einem vorzüglich gearbeiteten Lettner auch ein heute noch vorhandenes wundertätiges Pestkreuz, durch dessen Verehrung man die verschiedensten Ablässe erwerben konnte, was sich zu einer sprudelnden Einnahmequelle für die frommen Stiftsdamen entwickelte. Eine Brauerei am Blaubach trug im Mittelalter den Namen dieser „weißen Frauen".

Auf dem Lichhof, vor dem Eingang zur Sakristei, steht seit dem Wiederaufbau der Kirche die 1946-1949 entstandene Plastik „Die Trauernde" des Bildhauers Gerhard Marcks. Sie erinnert an die 20.000 Kölner, die im Zweiten Weltkrieg im Bombenhagel starben. Am südlichen Ausgang des Platzes steht das gotische Dreikönigenpförtchen, bekannt aus Liedern und Erzählungen. Früher wohnte hier auch der Kirchensingmeister, dessen Wohnhaus aber im letzten Krieg zerstört wurde. Das ganze Areal strahlt nach dem Wiederaufbau, obwohl mitten in der Stadt gelegen, eine ungewöhnliche Beschaulichkeit aus. Mag auch der Verkehr in Richtung Rheinbrücke noch so turbulent sein, hier oben herrscht immer und eine ganz besondere Ruhe und Abgeschiedenheit.

Das Dreikönigenpförtchen mit Blick auf den Marienplatz. Das kleine gotische Tor hat sich auch durch das Kölner Karnevalslied „Un am Dreikünnije Póözje, do weiß die Oma joot Bescheid" tief in die Herzen der Kölner eingegraben. Das Dreikönigenpförtchen ist als das letzte in der Reihe der vielen Tore zu klösterlichen Immunitätsbezirken erhalten geblieben. Es führte von der Königsstraße zum Friedhof der Schwestern von St. Maria im Kapitol.

K AA 1919

9. Vom Marienplatz in Richtung Heumarkt

Der Marienplatz veränderte beim Wiederaufbau nach dem Zweiten Weltkrieg vor allem auf der Südseite sein Gesicht erheblich. Die Seite mit der Kirche hinter der alten Klostermauer und dem Dreikönigenpförtchen blieb aber zum Glück erhalten. Die Legende besagt, daß die Gebeine der Heiligen Drei Könige 1164 durch diese Pforte in die Stadt gebracht wurden. Der Kölner Erzbischof Reinald von Dassel hatte die wertvollen Reliquien der drei Weisen aus dem Morgenland von Kaiser Barbarossa für seine Unterstützung beim Feldzug in

Wo einst am Marienplatz die Kutschen der Patrizier hielten, parken heute die Autos der Anwohner. Nur die Südseite hat etwas von ihren früheren vornehmen Charakter bewahren können.

Marienstatue an der Ecke des Hauses Marienplatz/Königsstraße.

Italien „als Geschenk" erhalten. Im Klartext hieß das, daß die wertvollen Reliquien aus der Mailänder Kirche St. Eustorgio mehr oder weniger geklaut worden sind. Der heutige Pfarrer dieser Kirche behauptet allerdings steif und fest, es sei damals nur die Hälfte der Gebeine übergeben worden, was die Frage aufwirft, ob im Kölner Dom nur die halben Heiligen Drei Könige aufbewahrt werden.

Das schöne Haus am Ende des Platzes mit seinem früher an vielen Häusern der Stadt üblichen *Marienbild* ist ein letzter Rest der alten Patrizierherrlichkeit dieses Stadtviertels. Hier wohnten die berühmten Familien von Groote, Hardenrath und von Aducht. Ursprünglich hieß der Platz „Hinter St. Marien" und reichte bis an das Kirchengelände heran. Am Marienplatz 24 befand sich schon im Mittelalter ein *Gruit-Haus*, in dem unter städtischer Aufsicht die *Gruit* gemischt wurde, eine Bierwürze aus verschiedenen Kräutern, die als Vorgänger des Hopfens dem Bier Haltbarkeit verleihen sollte. In der Tradition dieser Einrichtung entstand dort später ein Brau-

haus, das nach seiner Zerstörung im Zweiten Weltkrieg leider nicht mehr aufgebaut wurde. Besonders in der Vorkriegszeit war die Obergärige Bierbrauerei Heinrich Kolter ein echt kölsches Brauhaus und ein beliebter Treffpunkt für viele Bürger und Vereine. Auf der Südseite des Marienplatzes standen die meisten Häuser auf den Resten der alten römischen Stadtmauer und hatten einen Zugang zum Blaubach. Reste der Mauer sind dort heute noch zu sehen.
Am Marienplatz selbst gibt es zwar heute kein Brauhaus mehr, in dem man diesen Spaziergang abschließen kann, doch am Malzbüchel und am benachbarten Heumarkt bieten sich genügend Möglichkeiten zur Einkehr. Besonders in dem nach 1945 wiederaufgebauten Brauhaus zur Malzmühle ist auch heute noch einiges vom Flair und von der Atmosphäre der alten kölschen Wirtschaften zu finden.

Das Dreikönigenpförtchen mit Blick auf den Lichhof. Von hier aus sollen der Legende nach die Gebeine der Heiligen Drei Könige nach der Eroberung Mailands durch Kaiser Barbarossa in die Innenstadt gebracht worden sein.

Ein Foto um 1900 zeigt das alte Pfarrhaus von St. Maria im Kapitol. Links im Bild: Köbesse des benachbarten Brauhauses Kolter am Marienplatz.

10. Der Kreuzgang des Klosters „Zu den weißen Frauen“ mit dem alten Pfarrgarten

Wer heute die Stiftskirche St. Maria im Kapitol betritt, muß durch Reste des alten Innenhofes des Benediktinerinnenklosters gehen. Der ehemalige Kreuzgang gehört heute zu einem Jugendheim, das hier nach Kriegsende eingerichtet wurde. Das Heim war in den ersten Jahren nach dem Krieg Heimat für viele Studenten und Lehrlinge auf ihrem Weg in den Beruf. Der Namenszusatz *im Kapitol* geht auf die vormalige Existenz eines römischen Tempels an dieser Stelle zurück, dessen Mauerreste zwischen 1958 und 1961 unter den Fun-

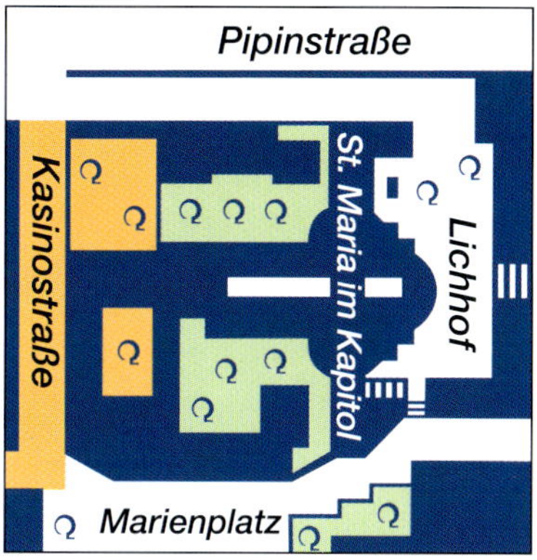

Links: Der alte Klostergarten von St. Maria im Kapitol hinter dem ehemaligen Kreuzgang. Hier blüht heute im Verborgenen eine Blumenpracht von besonderem Reiz. Der Garten gehört zum Gemeindehaus der Pfarre.

Das Bild zeigt den lange Zeit verwahrlosten Kreuzgang von St. Maria im Kapitol im 19. Jahrhundert nach Schließung des Nonnenklosters.

Der Kreuzgang des Klosters in Richtung des Eingangs der Basilika auf einer Lithographie von A. Borum nach einer Zeichnung von A. Wegelin.

Das Foto zeigt den baulichen Zustand des Kreuzgangs um 1900.

damenten der Kirche entdeckt wurden.
Das Kloster wurde größtenteils von einflußreichen, hochadeligen Äbtissinnen geleitet. Eine von ihnen, die Äbtissin Ida aus der Familie des Kaisers Otto II., erbaute 1065 die heutige romanische Basilika. Gemessen an der Größe und der Ausstattung der Kirche muß der politische Einfluß dieser Frau gewaltig gewesen sein. Das dazugehörige Nonnenkloster wirkt dagegen eher bescheiden, genau wie der in Umrissen wiederhergestellte Kreuzgang.
Zur Stiftskirche und zum Kloster gehörte ein Hospital an der Pipinstraße, das an der Stelle stand, wo sich heute ein kirchliches Seniorenheim befindet. Zum Kloster gehörten mehrere kleine Kapellen und eine Bäckerei. Auch das Brauhaus *Zu den weißen Frauen* am

benachbarten Blaubach weist in seinem Namen auf die vornehmen Schwestern hin. Es wurde bereits im 14. Jahrhundert in den Zunfturkunden erwähnt. Ob es aber wirklich zum Kloster gehörte, ist ungewiß, da es dann nicht der Zunft unterstanden hätte und daher auch nicht in deren Unterlagen auftauchen würde.

Auch dieses Kloster lösten die französischen Besatzungstruppen auf, so daß die Kirche seit 1802 nur noch als einfaches Gotteshaus Verwendung fand, das zur Pfarre St. Martin gehörte. Die Klostergebäude wurden zu normalen Wohnungen umgebaut, in die 1804 berühmte Leute einzogen: Das Dichterehepaar Friedrich und Dorothea Schlegel, die auf Anregung der Gebrüder Boisserée von Paris aus nach Köln gezogen waren. An diesen Aufenthalt erinnert noch heute eine Gedenktafel in der Kasinostraße.

Alliierte Bomben zerstörten die Kirche und die ehemaligen Klostergebäude im Zweiten Weltkrieg weitgehend. Inzwischen sind beide wieder fast vollständig aufgebaut und zwischen dem ehemaligen Stiftshaus und der Kirche befinden sich noch Reste des ehemaligen Kreuzganges, vor allem der schöne Pastoratsgarten mit dichtem Baumbestand und Teilen der alten Rundbogen.

Beenden Sie den Besuch dieser Oase mit einem Rundgang durch St. Maria im Kapitol. Anschließend können Sie dann von der Kasinostraße hinab zum Heumarkt gehen und Ihren Spaziergang in einer der zahlreichen Gaststätten des Viertels ausklingen lassen.

Heute zählt der sorgfältig restaurierte Kreuzgang von St. Maria im Kapitol wieder zu den vielen Sehenswürdigkeiten der ehemaligen Klosteranlage.

11. St. Maria Lyskirchen am Rheinufer

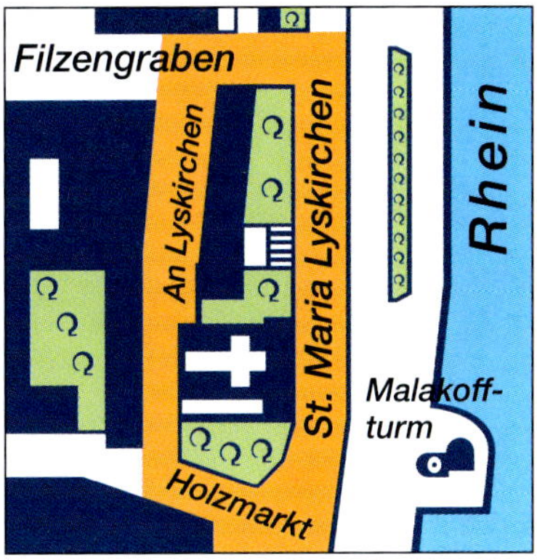

Die Herkunft des Namens Lyskirchen liegt im Dunkeln, doch über die Anfänge der romanischen Kirche St. Maria Lyskirchen weiß man mehr. Sie wurde in ihrer heutigen Form schon 1220 erbaut. Ursprünglich hieß sie St. Maria in Noithausen nach einem kleinen Fischerort, der an dieser Stelle außerhalb der römischen Mauer lag, durch den Bau der mittelalterlichen Mauer aber in das Stadtgebiet integriert wurde. Kirchlich war St. Maria Lyskirchen eine Filialkirche von St. Georg am Waidmarkt. Sie bewahrte sich jahrzehntelang eine gewisse Selbständigkeit, die sich auch heute noch in der jährlich stattfindenden eigenen kleinen Pfarrkirmes manifestiert. Direkt unterhalb der Kirche am Rheinufer befand sich die Holzwerft, die sich noch heute im Namen des benachbarten Holzmarktes wiederfindet. Hier war die Stelle,

Links: Von der Straße An Lyskirchen, neben dem Eingang der Kirche, kann man durch ein Gitter in den Pfarrhof schauen. Bäume und Sträucher begrünen den Innenhof, der zum Rhein führt.

Auf der Zeichnung von Johannes Finckenbaum (1660) begrenzt noch die alte Stadtmauer mit einem „Wischhaus" zum Rhein hin den Kirchenbezirk

Der ehemalige Kirchhof von St. Maria Lyskirchen ist heute eine beschauliche Grünanlage, von der aus man einen schönen Blick auf den Hafen hat.

wo das Bauholz von den Schiffen entladen wurde, das eine Großstadt wie Köln in großen Mengen benötigte.

Die beiden wichtigen Verbindungsstraßen zur Stadt hin waren der Filzengraben und die Große Witschgasse. Durch den Filzengraben flossen auch die *Bäche*, die so wichtige Wasserzufuhr der Stadt. In der Großen Witschgasse 5 wurde 1587 der später berühmt gewordene niederländische Dichter Joost van den Vondel geboren, der hier bis zu seinem siebten Lebensjahr wohnte.

Den hohen Stellenwert dieser beiden Straßen weiß man erst richtig zu würdigen, wenn man die Namen der Familien liest, die hier ihr Domizil hatten. Es waren die Lyskirchens, deren Familienmitglied Constantin erster Bürgermeister im stadtdemokratischen Köln war. Später, im Jahr 1466, richtete der Buchdrucker Ulrich Zell, ein Schüler Gutenbergs, hier die erste Buchdruckerei der späteren Verlagsstadt Köln ein. Auch die Familie Overstolz wohnte „An Lyskirchen", unmittelbar gegenüber der Kirche auf dem kleinen Hügel. Dieser war besonders wertvoll, da er Schutz gegen das jährliche Hochwasser bot, das bis in unsere Tage bekannt ist. Am Portal der Kirche findet man noch heute erstaunliche Hochwassermarken.

In der Kirche befindet sich ein weiteres Kuriosum: die *Zint Märjens Repp*, ein riesiger Walknochen, der einem verirrten Fisch zugeschrieben wird, der sich einmal rheinaufwärts „verlaufen" haben soll. Neben dieser und vielen anderen sehenswerten Kostbarkeiten, die St. Maria Lyskirchen dem Besucher zu bieten hat, zieht besonders die originelle Krippe zur Weihnachtszeit viele Kölner an.

Der Innenhof des Pfarrhauses stammt aus neuerer Zeit. Auf dem schmiedeeisernen Eingangstor zum Hof steht zwar die Jahreszahl 1745, das mittelalterliche Pfarrhaus wurde aber erst 1848 durch ein neues ersetzt. Die südlich der Kirche gelegene Grünfläche wirkt wohltuend im allgemeinen Streß des Straßenverkehrs. An der nördlichen Seite ist durch den Neubau einer Bank mit vorgelagerter Grünfläche eine attraktive Situation geschaffen worden.

Lange Zeit bestimmte eine Baulücke am Rheinufer den Blick auf die heute restaurierte Kirche. Durch den Neubau eines modernen Bürohauses mit vorgelagerter Grünfläche wurde dies positiv verändert.

C. Rund um St. Gereon

Die heutige Kirche St. Gereon gehörte ursprünglich zur Pfarre St. Christoph. Deren kleine Pfarrkirche war der großen Stiftskirche St. Gereon nördlich vorgelagert. Nur die Benennung der Christophstraße erinnert noch an diese 1806 abgerissene Kirche. Die Pfarrei St. Christoph im Schatten der großen Basilika umfaßte zwar ein großes Gebiet, doch es war ein eher ländliches Viertel, besiedelt von zahlreichen Gutshöfen, an die heute noch die Straßennamen Gereonshof und Im Klapperhof erinnern.
Den Mittelpunkt des Viertels bildete seit jeher die berühmte romanische Basilika St. Gereon. Deren Ursprünge und die genauen Umstände ihrer Gründung liegen weitgehend im Dunkeln. Eine These lautet, daß die Heilige Helena, die Mutter des römischen Kaisers Konstantin, das Gotteshaus gestiftet haben soll. Fest steht, daß an dieser Stelle die einzige Kirche im Köln der Römerzeit existiert hat. Sie soll zuerst die Grabes- und Gedenkkirche für die christlichen Märtyrer der thebäischen Legion gewesen sein und war später die Krönungs- und Begräbnisstätte der Merowingerkönige. Im Mittelalter war St. Gereon eine Stiftskirche und die zweitwichtigste Kirche im ganzen Erzbistum. Der architektonisch einmalige Sakralbau mit seinem zehneckigen Kirchenraum (Dekagon) steht in einer Reihe mit so berühmten Kirchenbauten wie der Hagia Sophia in Konstantinopel und dem berühmten Baptisterium in Florenz. Im Zweiten Weltkrieg wurde die Basilika durch Bomben schwer beschädigt und es war nur dem Willen und dem Opfermut der Gläubigen und des Klerus zu verdanken, daß die Gemeinde das Gotteshaus bereits 1949 wieder nutzen konnte. Seit den achtziger Jahren wurde der Bau vollständig restauriert und heute gehört er wieder zu den Juwelen im Kranz von Kölns berühmten romanischen Kirchen.

12. Der Gereonsdriesch an der Christophstraße

Der alte Namenszusatz *Driesch* bedeutet in unserer heutigen Sprache Anger, Futterplatz und Viehtränke. Sehr wahrscheinlich spielt auch das Wort *dreschen* bei der Entstehung eine gewisse Rolle. Diese Namensgebung verweist auf den ländlichen Charakter des Stiftsbezirks, denn der Immunitätsbezirk von St. Gereon lag ursprünglich außerhalb der Stadt. Auf einem Plan des Stifts von 1646 – also lange nach dem Bau der Stadtmauer – erkennt man den Gereonsdriesch deutlich als einen großen freien Platz vor der Basilika. Neben einigen Bäumen befand sich in der südwestlichen Ecke ein kleiner Weiher, an dem das Vieh getränkt wurde. An der Ost- und Südseite des Platzes standen Häuser, die allesamt zum Stift St. Gereon gehörten. Hier lebten

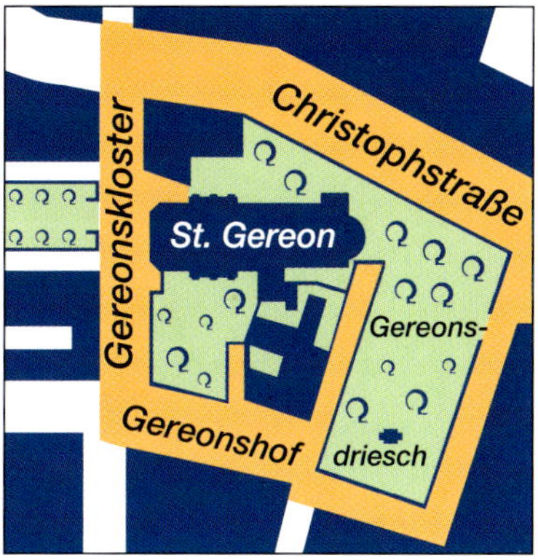

Links: Die Ostseite der Basilika St. Gereon wird heute von den Grünanlagen auf dem Gereonsdriesch bestimmt. Hier befand sich früher ein kleiner Blumenmarkt, der in den letzten Jahren leider verschwunden ist.

Foto von St. Gereon um 1900. Damals stand der massive romanische Kirchenbau noch frei, ohne den inzwischen gewachsenen Baumbestand.

Blick auf die Nordseite des mächtigen Dekagons.

vor allem Kleriker, die an der Kölner Universität lehrten.
Den Mittelpunkt des Kirchplatzes bildete die kleine Grünanlage, auf der sich heute die von Vinzenz Statz 1858 geschaffene neugotische Mariensäule befindet. Der Platz wurde im Laufe der Zeit immer wieder neu gestaltet und ist heute eine echte Oase im Schatten der Basilika. Die Mariensäule stand ursprünglich mitten auf der Gereonstraße, wurde aber 1901 beim verkehrsbedingten Umbau der Straße auf den Gereonsdriesch versetzt. Hier auf dem Platz findet schon seit 1820 im Frühling ein traditioneller Blumenmarkt statt, der aber durch den ständigen Wochenmarkt an St. Aposteln viel von seiner Attraktivität verloren hat. Mittelpunkt der Gegend war und ist jedoch die Stiftsbasilika von St. Gereon. Die Kirche wurde schon 818 anläßlich der Beerdigung eines Kölner Erzbischofs erwähnt. Die Gründung der heutigen Basilika des Heiligen Gereon erfolgte 1057/69 durch den Kölner Erzbischof Anno durch den Anbau des Langchors an die Krypta.
Nach St. Gereon, einem christlichen Märtyrer der römischen Thebäer-Legion und einem der Stadtpatrone Kölns, war auch die Straße in Richtung Dom benannt. 1806 wurde sie durch die neugeschaffene Christophstraße in Richtung Kaiser-Wilhelm-Ring verlängert. Die alte Gereonstraße war seit langem eine boulevardähnliche breite Prachtstraße gewesen, auf der vornehme Kölner Familien ihre Wohnsitze hatten. So hatte auch der Reitergeneral Jan von Werth hier seinen Kölner Wohnsitz und im Zuyderdyckschen Palais des Balthasar von Mülheim residierte Kaiser Napoleon bei seinem Besuch in Köln im Jahr 1811. Anschließend diente das Anwesen dem Kölner Erzbischof als Domizil. Die Straße mitsamt dem erzbischöflichen Palais wurde im Zweiten Weltkrieg weitgehend zerstört und verlor dadurch ihren einst vornehmen Charakter. Heute residiert im ehemaligen Palais des Balthasar von Mülheim, das beim Wiederaufbau durch einen modernen Backsteinbau ersetzt wurde, wieder der Erzbischof. Ein Gang um die Mariensäule und die Basilika, verbunden mit einer Besichtigung des Inneren der Kirche, ist einer der schönsten Wege, die Köln zu bieten hat.

In der Mitte des kleinen Parks auf dem Gereonsdriesch steht die von Dombaumeister Vinzenz Statz 1858 gestaltete neugotische Mariensäule, die bis zum Jahre 1901 mitten auf der Gereonstraße stand.

13. Das Gereonskloster

Auf der Rückseite der Basilika St. Gereon befindet sich ein kleiner beschaulicher Platz mit dem Namen *Gereonskloster*. Wird die Vorderseite zum Gereonsdriesch hin von den beiden mächtigen Türmen der Basilika beherrscht, so dominiert auf der Westseite das gewaltige Dekagon, das Zentrum des Gotteshauses. Am 30. Oktober 1944 riß eine Fliegerbombe ein riesiges Loch in das Dekagon, so daß man lange fürchtete, das berühmte Bauwerk sei nicht zu retten. Doch 1971 war der Schaden beseitigt und das Gebäude in seiner alten einmaligen Form wiederhergestellt. Tritt man heute durch die Vorhalle in das Innere der emporenähnlichen Kirche, so beeindrucken den

Links: Der Platz vor dem Gebäude des ehemaligen Stadtarchivs wird heute von dekorativen Grünanlagen bestimmt.

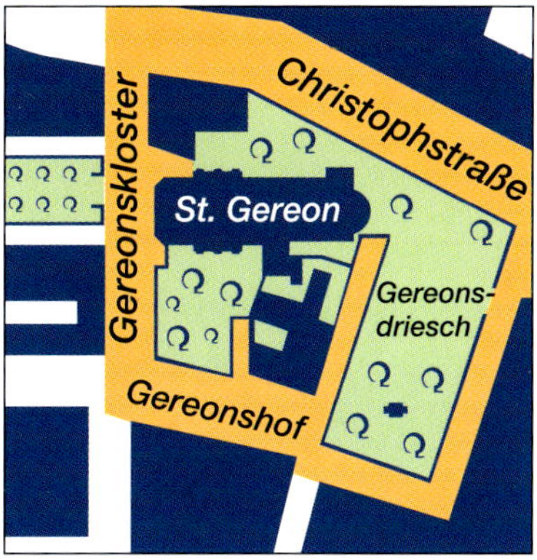

Besucher zuerst die gewaltigen Ausmaße des zehneckigen Mittelteils des Innenraums und dann im Hintergrund, die Treppe hinauf, der Altarraum, unter dem sich die Krypta mit dem Grab des Hl. Gereon befindet, über dessen historische Echtheit allerdings Zweifel bestehen.
Draußen auf dem kleinen Platz mit dem ehemaligen Stadtarchiv im Hintergrund stand früher das im 13. Jahrhundert errichtete Kollegialstift St. Gereon. Das

Das alte Stadtarchiv von 1897. Diese Einrichtung wurde nach verschiedenen Provisorien 1970 durch den Neubau in der Severinstraße ersetzt.

Das Gemälde aus dem 18. Jahrhundert zeigt die bauliche Situation vor Auflösung des Klosters. Im Vordergrund der ehemalige Klostergarten.

heutige Gereonskloster war allerdings kein Kloster im üblichen Sinne, denn hier lebten und arbeiteten hochrangige Kleriker als Kirchenverwalter, Politiker und Gelehrte. Die geistlichen Herren von St. Gereon waren im Mittelalter vor allem an der Universität tätig, und die philosophische Fakultät lag auf der Gereonstraße gleich vor ihrer Haustür. Das hufeisenförmige dreistöckige Gebäude mit einem Kreuzgang, der mit der Vorhalle der Basilika ein Atrium bildete, diente den frommen Herren als Wohn-, Arbeits- und Schlafstätte. Zahlreiche Kanoniker und Vikare wohnten außerdem in verschiedenen Gebäuden um den Gereonsdriesch und am Gereonswall. Ab 1813 wurden die Stiftsgebäude von St. Gereon Stück für Stück abgerissen und die Reste später nach der Entfernung der Stadtmauer in die Bebauung der Neustadt einbezogen. Der gesamte Immunitätsbezirk umfaßte das Viereck zwischen Im Klapperhof, Von-Werth-Straße, Christoph- und Mohrenstraße. Zu dem Stift gehörten ein eigener Friedhof am Gereonsdriesch und ein Hospital an der Steinfelder Gasse. Heute entspricht dies etwa der Ausdehnung der Gebäude einer hier angesiedelten großen Versicherungsgesellschaft. Der Rundgang um St. Gereon erschließt dem Spaziergänger viele neue Ansichten und vor allem das viele Grün, das in den letzten Jahrzehnten dort nachgewachsen ist.
Sie können den Spaziergang in der gemütlichen Gaststätte der Christophstraße beschließen, die den Namen des einst in der Gereonstraße ansässigen Kölner Reitergenerals *Jan von Werth* trägt.

Rechts: Das wiedererstandene Dekagon von Süden gesehen im Blütenschmuck. Die gesamte Umgebung einer der wichtigsten romanischen Kirchen Kölns erstrahlt heute in einem parkähnlichen Umfeld.

14. Das Erzbischöfliche Palais an der Maria-Ablaß-Kirche

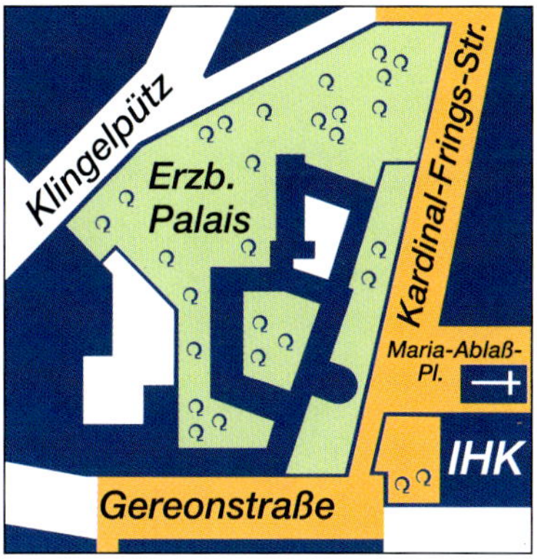

Es gab kaum eine Gegend im alten Köln, wo die Gegensätze von arm und reich, städtisch und ländlich, ordentlich und verwahrlost, so kraß aufeinanderprallten wie zwischen der vornehmen Gereonstraße und der ehemaligen Eintrachtstraße. Sie hieß früher „Entepool", weil sich dort in einer der ländlichen Wallgassen am alten Graben vor der Stadtmauer aus dem 12. Jahrhundert das Federvieh auf der Straße tummelte. An der Gereonstraße, die an der alten Würfelpforte begann, änderte sich das Bild schlagartig: Auf einer Häuserinsel, wo sich heute die Industrie- und Handelskammer befindet, war vierhundert Jahre lang die alte Brauerei „Auf Rom" beheimatet. Und auch auf der rechten Straßenseite in Richtung St. Gereon existierte bereits um 1400 im *Hermannshaus* eine Brauerei. An dieser Stelle baute sich 1758 der Kölner Bürgermeister Johann

Links: Nördliche Seitenansicht der Maria-Ablaß-Kirche. Im Hintergrund das Kirchengebäude des in neuer Form wiedererstandenen Erzbischöflichen Palais in der Kardinal-Frings-Straße.

Das alte Foto zeigt den 1758 erbauten Erzbischöflichen Palast vor der Zerstörung.

Auf der Zeichnung von J. Finckenbaum (1660) sieht man den 1164 durch Reinald von Dassel erbauten ersten Erzbischöflichen Palast am Domhof.

Balthasar von Mülheim ein vornehmes Stadtpalais, in dem 1811 sogar der Franzosenkaiser Napoleon Bonaparte bei seinem zweiten Aufenthalt in Köln logierte. Das Gebäude und sein großer Garten gingen 1824 in den Besitz des Kölner Erzbischofs über. Das Palais wurde im Zweiten Weltkrieg vollkommen zerstört. Der volkstümliche Kardinal Frings sorgte für den Wiederaufbau der erzbischöflichen Residenz in seiner heutigen Form mit dem dahinter liegenden Priesterseminar. Der große Garten hinter dem Palais blieb dabei erhalten und hier verbrachte Joseph Kardinal Frings, nachdem er aus dem aktiven Amt ausgeschieden war, seinen Lebensabend. Man konnte den fast Erblindeten dort zuweilen von einem jungen Kaplan geführt im Garten spazieren sehen. Inzwischen ist aus dem Kaplan von einst der Bischof Luthe von Essen geworden und die Eintrachtstraße heißt jetzt in diesem Abschnitt Kardinal-Frings-Straße.

Zur Zeit Kardinal Höffners erbautes Vogelhaus im erzbischöflichen Garten.

Rechts: Eine Mischung aus altem hohem Baumbestand und verschiedenartigen neu angelegten Strauchgruppen charakterisiert die neue Parklandschaft dieser Oase.

Der große Park hinter den Gebäuden an der Ecke Gereon- und Kardinal-Frings-Straße gliedert sich heute in zwei Abschnitte. Der äußere, etwas größere Teil gehört zum Priesterseminar der Erzdiözese, der innere mit seinen schönen Gartenanlagen dient dem Erzbischof zur Erholung und Entspannung. Dominiert im Äußeren der hohe Baumbestand, so besticht im Inneren die schöne gartenarchitektonische Anlage. Zwischen den verschiedenen Blumenbeeten befindet sich ein kleiner Teich, den Kardinal Höfner anlegen ließ, um den immer wieder einfliegenden Wildenten eine Heimstatt zu bieten. Dem gleichen Zweck dient auch das geschnitzte Entenhaus, das die Dombauhütte auf Wunsch des Kardinals anfertigen ließ. Eine Marienstatue und eine Kreuzfiale komplettieren das geschmackvolle Arrangement.

Im Innenhof des Erzbischöflichen Palais befindet sich inmitten der mit Efeu bewachsenen Mauern eine reich verzierte Brunnenschüssel. Auch der Boden ist ornamental mit verschiedenfarbigen Steinen ausgelegt. Im Inneren des Hauses stehen in den einfach gestalteten Gängen als Dekoration Antiquitäten, die noch etwas vom früheren Glanz der Kölner Kirchenfürsten vermitteln. Dem Fremden ist ein Gang durch die erzbischöflichen Gärten leider verwehrt, es sei denn, Sie besuchen einen Verwandten im angeschlossenen Priesterseminar oder sogar den Erzbischof persönlich.

Links: Den Mittelpunkt des schönen Parks bildet ein liebevoll gestaltetes Feuchtbiotop. Dieser Teil des Gartens wird außen von einem weiteren Park des benachbarten Priesterseminars umgeben.

Gegenüber, auf der anderen Straßenseite neben der Industrie- und Handelskammer, steht eine kleine Kapelle: ein Rest der ehemals bedeutenden Maria-Ablaß-Kirche, in der die mittelalterlichen Erzbischöfe im Rahmen von Stadtwallfahrten den Ablaß erteilten. Diese Kirche lag direkt hinter der ehemaligen Würfelpforte, einem Stadttor der ersten mittelalterlichen Mauer, in dem sich die uralte Brauerei *Auf Rom* von Wilhelm Scheben befand. Im Zuge der modernisierten Verkehrsführung der Gereonstraße wurde sie 1872 abgerissen. Das

In einem Innenhof plätschert aus einer Brunnenschale Wasser und vermittelt dadurch diesem Raum eine Atmosphäre von Ruhe und Beschaulichkeit.

An verschiedenen Stellen im Park finden sich Steinplastiken, z. B. eine Madonna mit Kind (oben) und eine versteckte Kreuzfiale vom Dom (rechts).

gleiche Schicksal hatte die Maria-Ablaß-Kirche schon 1808 getroffen, nachdem sie von den Franzosen geschlossen worden war. Nur die Seitenkapelle blieb erhalten und bildet heute einen interessanten Kontrast zu den umliegenden Banken und Versicherungen.

Das wiedererrichtete neue Erzbischöfliche Palais gehört heute zu Köln wie der Dom. Nachdem der Erzbischof in der reichsstädtischen Zeit für viele Jahrhunderte außerhalb der Stadt Köln seinen Wohnsitz hatte, lebt er nun wieder mitten unter seinen Gläubigen und den Dom kann er zur Not auch zu Fuß erreichen. Den entgangenen Rundgang durch den Park des Erzbischof können Sie durch einen Besuch im nahen Stadtmuseum oder in einer der kleinen Kneipen und Restaurants an der Komödienstraße kompensieren.

Die Maria-Ablaß-Kirche von Westen aus gesehen. Die Kapelle war ursprünglich nur ein Seitenflügel der ehemaligen weit größeren Kirche. Im Hintergrund eines der Gebäude der vielen hier angesiedelten Banken.

15. Die Gereonsmühle an der alten Stadtmauer

Die Windmühlen auf der mittelalterlichen Stadtmauer waren für die Stadt eine lebensnotwendige Einrichtung, da sie bei einer längeren Belagerung eine autarke Versorgung mit Getreidemehl garantierten. Die Gereonsmühle, im Mittelalter auch „Mühle zum Reuschenberg“ genannt, gehört zu den drei noch erhaltenen Windmühlenresten aus dieser Zeit. In einer Akte von 1446 wird sie zum ersten Mal erwähnt. Den Abriß der alten Mauer zum Ende des vorletzten Jahrhunderts überlebte nur der mächtige Mühlenstumpf. Heute dient das Gebäude als Jugendtreff und im Sommer bevölkern die Schüler einer gegenüberliegenden Schule die Grünanlagen rund um den Turm. Früher befanden sich innerhalb der Stadtmauer im Nordwesten der mittelalterlichen Stadt die großen „Kappesfelder“, welche die Kölner über Jahrhunderte

Links: Dieser Teil der alten Stadtmauer blieb beim Abriß 1880, ähnlich wie am Sachsenring, als Denkmal erhalten. Der ehemalige Mühlenturm ist heute ein Jugendheim.

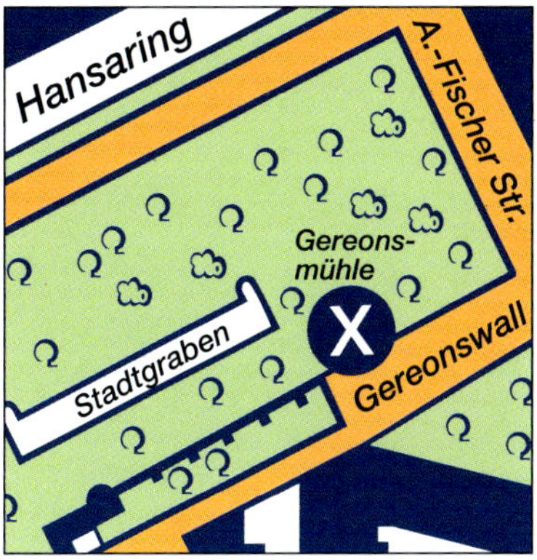

Die alte Gereonsmühle war, wie man auf dieser Zeichnung von Johannes Finckenbaum von 1660 sehen kann, damals schon nicht mehr in Betrieb.

Die Grünanlagen zwischen dem Rest der Stadtmauer und dem Hansaring laden im Frühling mit ihrer reichen Blütenpracht zu Spaziergängen ein.

hinweg mit frischem Obst und Gemüse versorgten. In dieser Gegend befand sich auch der *Kümpchenshof*, der legendäre Bauernhof, auf dem die Geschichte vom Knecht Jan von Werth und der Magd Griet spielt. Der arme Jan wurde von der stolzen Magd abgewiesen, zog in den Krieg, machte dort Karriere und kehrte wohlhabend zurück.

1980 wurde die Gereonsmühle und das dazugehörige Reststück der alten Stadtmauer komplett restauriert und unterhalb des ehemaligen alten Mauergrabens ein Ballspielplatz eingerichtet. Der alte Mühlenturm ist heute Mittelpunkt einer großzügigen Parkanlage, die durch den Abriß des alten Stadtgefängnisses Klingelpütz und seine Verlegung nach Ossendorf entstand. Das Gelände des ehemaligen Klingelpütz bildet nun eine unbebaute, offene Fläche inmitten der Kölner Innenstadt mit einem kleinen Weiher als Mittelpunkt. Unterhalb eines künstlichen Hügels, der mit einer Schule, einem Kindergarten und verschiedenen Spielplätzen umgeben ist, findet der Spaziergänger eine grüne Oase der Jugend. Im Laufe der letzten Jahrzehnte wuchs auf diesem Areal direkt neben dem verkehrsreichen Hansaring ein schöner neuer Baumbestand heran, im Frühling durchzogen von blumigen Rasenflächen.

Der alte Gereonswall, eine sehr lange Straße, die von der Christophstraße bis zum Eigelsteintor reicht, durchquert die Anlage zwischen Kyoto- und Vogteistraße. Ein Rundgang durch das Gelände lohnt sich vor allem auf der Seite des Hansarings und kann mit einem Spaziergang auf dem nahe gelegenen Theodor-Heuss-Ring verbunden werden. Wer den Abschluß der Wanderung in einer gemütlichen Kneipe vorzieht, der findet rund um die Eigelsteintorburg eine reiche Auswahl gastronomischer Angebote vom Brauhaus wie dem *Kölschen Boor* bis zum Szenetreff *Spitz*.

Der Turm der ehemaligen Gereonsmühle am Hansaring bildet heute den optischen Abschluß des Mauerstücks nach Osten hin. Unterhalb der Mauer befinden sich nun ausgedehnte Spielplätze.

16. Der Kümpchenshof an der Gereonsmühle

Als Ende des 19. Jahrhunderts die mittelalterliche Stadtmauer abgerissen wurde, blieben an verschiedenen Stellen Teile der Mauer und einige Tore aus Gründen des Denkmalschutzes erhalten. Einer dieser Abschnitte befindet sich zwischen der Straße Am Kümpchenshof und dem Ende des Friesenwall, parallel zu den Ringen.

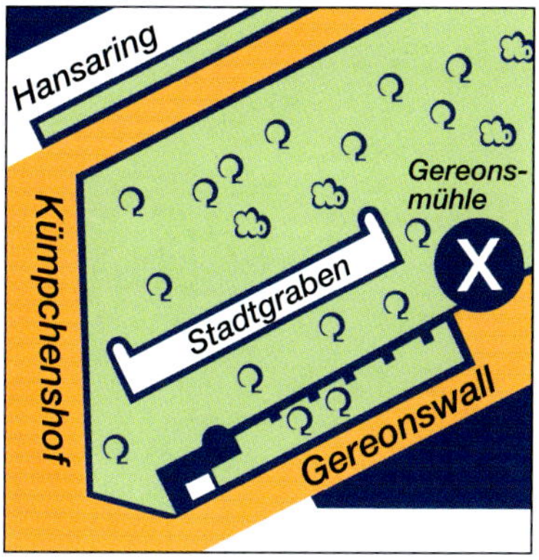

Der *Kümpchenshof*, auch Gut Reuschenberg genannt, spielt eine Hauptrolle in der Sage von Jan und Griet – dem späteren Reitergeneral Jan von Werth und der Magd Griet – die hier ihren Anfang genommen haben soll. Johann de Weerd war der Sohn eines verarmten Landadeligen aus dem Niederrheinischen, der, um sein Glück zu machen, Anfang des 17. Jahrhunderts nach Köln kam und sich in Ermangelung von Geldmitteln erst einmal als Knecht in besagtem Kümpchenshof verdingte. Hier lernte er die schöne Magd Griet kennen und verliebte sich in sie.

Links: Typisch für die Innenseitenarchitektur der alten Stadtmauer waren die Bogengewölbe.

Der legendäre Kümpchenshof des Jan von Werth befand sich bis zum Abriß der Mauer an der heute noch vorhandenen Straße gleichen Namens (vor 1900).

An der Innenseite der ehemaligen Stadtmauer (oben und unten) am Gereonswall hatten vor 1900 noch verschiedene Wohnhäuser und Handwerksbetriebe ihren Sitz. Die Stadterweiterung und der Bau des städtischen Gefängnisses am Klingelpütz ließen die meisten von ihnen verschwinden.

Doch Griet strebte nach etwas Besserem und wies den mittellosen Freier brüsk ab. Der enttäuschte Jan verließ darauf Köln und zog in den Dreißigjährigen Krieg. In dessen Verlauf machte er eine große Karriere als erfolgreicher Heerführer. Zuerst ernannte ihn Kurfürst Maximilian von Bayern 1634 zum Generalwachtmeister zu Pferde und ein Jahr später Kaiser Ferdinand zum Reichsfreiherren. Doch trotz der brillanten Karriere

Kirschblüte am Gereonswall, wo sich im Schatten der Mauer auf dem vorgelagerten Grundstück der Architekt Hans Schilling sein Domizil erbaute.

konnte er die Absage der Magd Griet nie vergessen, so daß er eines Tages nach Köln zurückkehrte, um sich in seinem neuen Reichtum zu zeigen. Als er dann die inzwischen zum Marktweib gewordene Griet vor ihrem Apfelkorb wiedersah, entstand der bekannte Dialog, den heute jeder Kölner kennt: *„Griet, wer et hätt jedonn"* und ihre lakonische Antwort: *„Jan, wer et hätt jewoß"*.

Jan blieb auch weiterhin der Stadt Köln verbunden. Er kaufte sich 1636 ganz in der Nähe des Kümpchenshofs, in der Gereonstraße Nr. 30, ein hochherrschaftliches Palais, das noch lange im Besitz seiner Nachkommen blieb, deren Familienname „Raitz von Frentz-Schlenderhahn" noch in unserer Zeit eng mit dem Pferdesport verbunden ist. Heute befindet sich dort ein unscheinbares Bürohaus, das nur wenig von der Berühmtheit seines früheren Besitzers ahnen läßt.

Auf der Innenseite der Mauer befindet sich eine weitere kleine

Durch das frische Grün des Parks am Klingelpütz, der anstelle des ehemaligen Gefängnisses entstand, sieht man im Hintergrund die Domtürme.

Kölner Oase, die sich ein Kölner Architekt dort nach dem Zweiten Weltkrieg einrichtete. Er baute einen modernen Backsteinbau, den er für Wohn- und Arbeitszwecke nutzt und der sich in mehreren Ebenen eng an die Stadtmauer schmiegt. An das Haus schließt sich ein idyllischer kleiner Garten mit schönem Baumbestand an.

Auf der Außenseite befindet sich im ehemaligen Stadtgraben ein Kinderspielplatz. Hier kann man sich in die Zeit zurückversetzen, als sich die neugierigen kölschen Pänz erstmals aus der mittelalterlichen Stadt hinauswagten, um einen Hauch der weiten Welt zu erschnuppern, da sich das städtische Leben doch sonst nur innerhalb der Mauern abspielte.

Von dem Charakter der stark landwirtschaftlich geprägten Nord-Westseite der alten Stadt innerhalb der Mauer ist nichts mehr übrig geblieben. Das legendäre Stadtgefängnis, der „Klingelpütz", bestimmte jahrzehntelang diesen Teil Kölns. Nach seinem Abriß und der Umwandlung dieses Areals in schöne Grünanlagen ist hier eine neue Kölner Oase gewachsen, die der Bevölkerung des Viertels sehr zugute kommt. Auch der neue Mediapark jenseits des Hansarings an der Maybachstraße zieht weitere neue Bewohner in diese Gegend, die hier ein Naherholungsgebiet von bester Qualität vorfinden. Auch gastronomisch hat der Mediapark in dieser Gegend neue Akzente gesetzt, die es zum Abschluß dieses Spaziergangs einmal auszuprobieren lohnt.

Die neu entstandene Bebauung und Begrünung der Terrasse am Gereonswall durch den Kölner Architekten Schilling ist, nachdem sich der Baumbestand in den letzten Jahrzehnten prächtig entwickelt hat, zu einer der schönsten Oasen Kölns geworden.

17. Der Römerturm

Nirgendwo in Köln begegnet einem das römische Erbe der Stadt so spektakulär wie am Römerturm an der Zeughaus- und St.-Apern-Straße. Er bildete die Nord-Westecke der ehemaligen römischen Stadtbefestigung und war einer der etwa zwanzig Türme, welche die vier Kilometer lange Stadtbefestigung vor feindlichen Angriffen schützten. Die Mauer war innen acht und außen inklusive Zinnenkrone zwölf Meter hoch. Der Turm hat einen Durchmesser von 9,20 m und eine Mauerstärke von 2,50 m. Außen ist er mit farbigen Ziegeln verblendet, die das Bauwerk ornamental schmücken.

Links: Der Römerturm an der Ecke Zeughaus- und St. Apernstraße war der Nordturm der römischen Stadtbefestigung. Nachdem er im Laufe der Jahrhunderte mehrfach zweckentfremdet umgebaut worden war, verfügt er heute wieder über seine ursprüngliche Form.

Der Römerturm wurde zeitweilig auch „Klarenturm" genannt, denn er war seit 1306 Teil des Franziskanerinnenklosters St. Klara, in dem Viereck Auf dem Berlich, St.-Apern-, Zeughaus- und Breite Straße. Die frommen Schwestern nutzten den Turm als Abfallgrube und Latrine. 1807 wurde das Kloster aufgehoben und die Gebäude dienten seitdem verschiedenen Gewerben wie einer Samt-

Auf der Zeichnung von Johannes Finckenbaum (1660) sieht man links neben dem Römerturm die heute abgerissene Klosterkirche St. Klara.

Das dekorative Backsteinmuster rund um den Römerturm zeugt noch heute von der handwerklichen Fertigkeit der Besatzer von jenseits der Alpen.

und Seidenmanufaktur, einer Papierfabrik und der Bierbrauerei und Brennerei *Zur Rübe*. In dieser wurde auch ein in der ganzen Stadt beliebter *Rüben-Korn* gebrannt. Das Brauhaus ist im Zweiten Weltkrieg vom Erdboden verschwunden.

Der Turm wurde 1833 mit einem aus Ziegeln gemauerten Aufsatz versehen. Vierzig Jahre später sollte er ganz abgerissen werden, was die Stadt aber durch den Ankauf für 19.000 Taler verhinderte. Danach wurde das ehemalige Klosterareal aufgeteilt und mit der Helenenstraße und der Straße Am Römerturm durchzogen. Der restaurierte Keller des St. Klara-Klosters dient einem Architekten heute als Raum für seine Gemäldegalerie, in der einige Zeit lang auch das jährliche festliche Bankett der Brauer, der *Kölsch-Konvent*, stattfand.

An der Helenenstraße befindet sich die Ruine eines weiteren in Resten erhaltenen Halbturms der alten Römermauer, den heute eine kleine Grünanlage mit Ausgang zum Berlich umgibt. Ein Kindergarten mit Spielplatz gegenüber der Turmruine komplettiert den ausgeprägten Oasencharakter dieser ruhigen Ecke in der Mitte der Kölner City.

Zum Glück verschonte der Zweite Weltkrieg den Römerturm an der Ecke zur Komödienstraße und so konnte er harmonisch in den Wiederaufbau der benachbarten Häuser der St.-Apern-Straße eingegliedert werden. Heute präsentiert sich das zweitausendjährige Bauwerk in einem makellosem Zustand und gehört als „Highlight“ zu jeder Stadtrundfahrt. Ein Rundgang durch diese „römische Ecke“ der Stadt ist ein lohnender Weg in die früheste Periode der Kölner Stadtgeschichte, den man mit einem Besuch in einem der benachbarten Cafés auf der Breite Straße oder einer Portion Muscheln im benachbarten „Bier-Esel“ abschließen kann.

Der zweite römische Rest der Stadtbefestigung, die Turmruine auf der St. Apernstraße ist zwar nicht so dekorativ, aber inmitten der kleinen Grünanlage nicht weniger sehenswert.

18. Der Biergarten des Brauhauses Päffgen in der Friesenstraße

Seit 1883 existiert die obergärige Hausbrauerei Päffgen in der Friesenstraße, und seitdem gibt es dort auch einen Biergarten. Der Biergarten ist ursprünglich eine bayerische Erfindung und seine Entstehung stammt aus der Zeit, als die Brauer im Sommer wegen der großen Brandgefahr nicht brauen durften. Daher wurde das bereits im März gebraute, stark gehopfte Bier in „Kellern" gelagert, die man in die Erde grub, damit der Gerstensaft im kühlen Erdreich in den Fässern in Ruhe reifen konnte. Die *Keller* wurden mit

Links: Kölner Oasen sind auch die zahlreichen Biergärten. In den Sommermonaten spendet der Biergarten der Hausbrauerei Päffgen im Friesenviertel kühlen Schatten zum kühlen Kölsch.

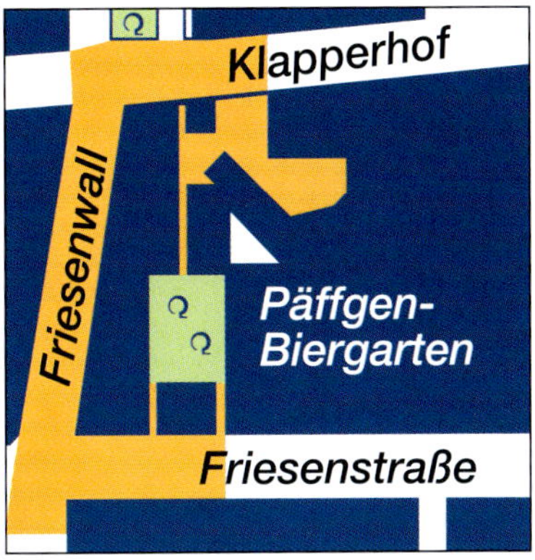

Kastanienbäumen bepflanzt, weil deren große Blätter viel Schatten spendeten, der für eine natürliche Kühlung des Bieres sorgte. So wurde die Institution Biergarten geboren. Im Sommer sitzen die Bierfreunde im Schatten der Bäume und genießen das frische Bier im Freien. Die Biergarten-

Der Päffgen-Biergarten war um 1900 ein beliebter Treffpunkt für die Leute aus dem Viertel. Im Hintergrund die Gebäude der Brauerei.

Selbst an schattigen Tagen fanden sich im alten Päffgen-Biergarten einzelne Gäste ein. Ein ausfahrbares Dach sorgte für Schutz vor schlechtem Wetter.

zeit reicht hierzulande normalerweise von Mai bis September. Auch in Köln entstanden meist neben oder hinter den zahlreichen Brauereien schattige Gärten.

Den Biergarten im obergärigen Brauhaus Päffgen in der Friesenstraße war früher nur im Sommer zu benutzen. Neuerdings kann man das nun aber auch im Winter tun, denn es wurde ein Glas-Schiebedach eingebaut und der Biergarten mit einer Heizung versehen. Doch im Sommer spenden hier weiterhin die großen Kastanienbäume kühlen Schatten. Im Gegensatz zu den Bayern, die ihre „Maß" Bier schätzen, lieben die Kölner ihr obergäriges Kölsch. Statt des scharfen bayerischen Rettichs liebt man in Köln zum Bier den *Halven Hahn*, die Schärfe dazu bieten Zwiebelringe und natürlich „reichlich Mostert".

Vor dem Zweiten Weltkrieg waren in den zahlreichen Brauhäusern Biergärten üblich. Nach 1945 verschwanden sie fast vollständig und tauchten erst in den achtziger Jahren wieder auf. Mittlerweile sind sie erneut zur festen Institution geworden. Hier trifft man den Rentner mit Dackel und Zigarre, den verliebten Studenten mit Fahrrad und Freundin, den hemdsärmeligen „Businessman" mit weißem Hemd und Krawatte wie auch den smarten Yuppy mit Handy. Im Päffgen-Biergarten sind sie alle willkommen, beim beliebtesten Sommervergnügen der Kölner. Über allem wacht der Köbes als Zeremonienmeister, der morgens, wenn die Gäste erst nach und nach eintrudeln, auch mal ein Schwätzchen hält. Auch Familien, Vereine und Stammtische zieht es bei schönem Wetter hinaus in den Garten. Der Köbes schleppt dann die vollen „Kränze" Kölsch und all die urkölschen Köstlichkeiten heran, die das Haus zu bieten hat. Trotz des großen Publikumsandrangs ist man aber auch an solchen Abenden unter sich. Im Päffgen-Biergarten fühlt jeder eine gewisse Seelenverwandtschaft mit den anderen Gästen, weil sich hier alle einer Region, einer Kultur und einem gemeinsamen Vergnügen verbunden fühlen.

Der schlagfertige „Köbes" mit dem „Kranz" gehört zum Kölschen Brauhaus genauso wie der schattige Biergarten mit den Kastanienbäumen.

Bayern
Hallertau
Mainburg
1987 № 1784
aufberedet

D. Im Norden der Altstadt

Die Kirche St. Kunibert wurde 1247, also ein Jahr vor der Grundsteinlegung des Doms, eingeweiht. Der Namenspatron, der Hl. Kunibert, war der Erzieher des Merowingerkönigs Sigisbert III. gewesen. Kunibert starb 663 und wurde in der Kirche St. Clemens beigesetzt, die am gleichen Ort stand wie die spätere nach ihm benannte Basilika. Diese jüngste romanische Kirche Kölns hatte im Laufe der Jahrhunderte manche turbulente Situation zu überstehen. Die schwerste war 1830 der Einsturz des Westturms durch die vielen Unterspülungen der Fundamente durch die Hochwasser des benachbarten Rheins. Im letzten Weltkrieg wurde St. Kunibert durch Bomben fast völlig zerstört.

Die heute wiederaufgebaute Kirche ist der Mittelpunkt eines ehemaligen echt kölschen Viertels, das unter der Abkürzung *UKB* für den Straßennamen *Unter Krahnenbäumen* in die Stadtgeschichte einging. Der Name hat verschiedene Deutungen, die aber historisch nicht exakt gesichert sind. Eine bezieht sich auf die „Kranbäume" an den Häusern, eine weitere verweist auf den „Kraienboim", den Wacholderstrauch, und die dritte und wahrscheinlichste bezieht sich auf die Krähen, denn es gab hier, im ehemals ländlichen Bereich der Stadt, einen Bauernhof „Zur Krähen". Die Straße führt vom Eigelstein direkt hinab zum Rheinufer. Sie war die Lebensader eines Viertels, das genau wie sein Gegenstück, das Severinsviertel im Süden, eine echte kölsche Seele besaß. Willi Ostermann, der Schöpfer vieler unvergänglicher Kölscher Evergreens, setzte dem Viertel Unter Krahnenbäumen mit seinem Lied „Eß mer op en Kinddauf engelade" ein unvergessenes Denkmal und der berühmte Fotograf Chargesheimer machte diese typisch kölsche Straße mit seinem Buch „Unter Krahnenbäumen" auch überregional bekannt.

19. St. Kunibert und der Platz An der Linde

Der Platz An der Linde vor der Basilika St. Kunibert hat in den letzten Jahren sein Bild stark verändert. Nachdem die neu gepflanzten Bäume langsam „erwachsen“ werden und Anschluß an die Baumbepflanzung südlich der Basilika gefunden haben, ist es hier sehr angenehm und grün geworden. Auch der schön angelegte Pfarrgarten östlich der Kirche und die beiden neuen Außencafés an der Vorderseite tragen viel zu diesem Zustand bei. Die Rekonvaleszenten des benachbarten Marienhospitals sieht man jetzt im Sommer immer öfter ihre Spaziergänge rund um die Kirche machen.

Wie St. Maria Lyskirchen so soll auch St. Kunibert im Mittelalter eine Rheinschifferkapelle gewesen sein. Ursprünglich war sie dem Hl. Clemens geweiht gewesen. Ihm folgte als

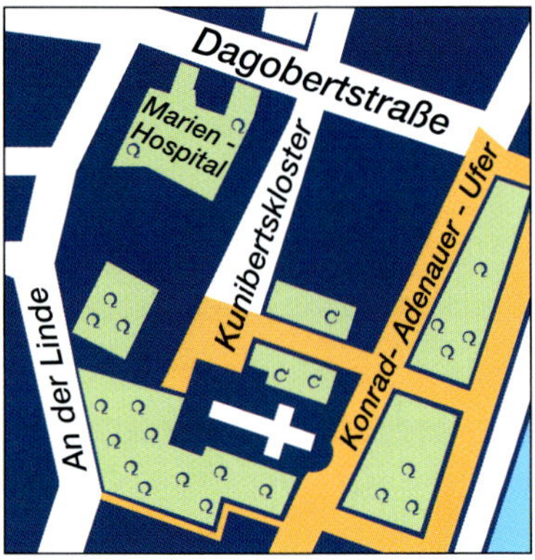

Rechts: Das Westwerk von St. Kunibert präsentiert sich heute dem Spaziergänger eingerahmt von frischem Grün. Das Anpflanzen neuer Bäume vor einigen Jahren machte das möglich.

Die Kirche St. Kunibert mit Blick von Westen auf einer Zeichnung von Joh. Finckenbaum (1660), umgeben von der Mauer, die den Stiftsbezirk umgab.

Namenspatron der Hl. Kunibert, der auch an dieser Stelle begraben liegt. Beide sind deshalb auch gemeinsam in den Glasfenstern der Kirche dargestellt. Im 12. Jahrhundert wurden durch die Erweiterung der ersten mittelalterlichen Stadtmauer die Kirchen St. Andreas, St. Ursula und St. Kunibert im Viertel Niederich in das Stadtgebiet integriert. Der Stiftsbezirk lag von dem Platz An der Linde aus gesehen nordöstlich neben der Kirche, vor dem heutigen Marienhospital. Hier lebte über Jahrhunderte hinweg eine größere Anzahl von Priestern. Im Gegensatz zu den Mönchen in den Klöstern waren diese Stiftsherren keiner Ordensregel unterworfen. Sie erfüllten verschiedenste Aufgaben im Dienste der Kirche wie die Aufsicht beim Bau einer Kirche oder den Schuldienst.

Diese Stiftsgemeinschaften wurden 1802 von den Franzosen aufgelöst und wegen der nun mangelnden Fürsorge kamen Kirche und Stiftsgebäude im Laufe der folgenden Jahrzehnte sehr herunter. Die Kirche St. Kunibert wurde deshalb der Pfarrgemeinde übertragen. Doch diese verfügte nicht über ausreichende Mittel, die große Kirche zu erhalten, und so dauerte es bis 1860, bis man St. Kunibert mit Hilfe des Stadtsäckels wieder in den alten Zustand zurückversetzte. Das Pfarrhaus wurde 1905 abgerissen und durch ein neues ersetzt.

Die Basilika St. Kunibert erlebte im Laufe der Jahrhunderte so viele Um- und Neubauten, daß heute vom ursprünglichen Bau fast nichts mehr erhalten ist. Im Zweiten Weltkrieg wurde das Bauwerk bereits 1942 schwer getroffen. Nur die Sakristei konnte noch für den Gottesdienst genutzt werden. Ein weiterer schwerer Bombenschaden gab den Ruinen dann 1944 den Rest. Bei Kriegsende bot die ehemals stolze Basilika ein Bild totaler Zerstörung. Der Wiederaufbau dauerte vierzig Jahre und wurde erst Mitte der achtziger Jahre beendet. Bei der heutigen Kirche St. Kunibert handelt es sich also mehr oder weniger um einen kompletten Neubau.

Hinter dem Chor der Kirche befindet sich eine bescheidene Grünanlage, die früher einmal Kaiser-Friedrich-Ufer hieß, das heutige Konrad-Adenauer-Ufer. Sie entstand nach 1881 bei der Neugestaltung der Uferpromenade. An dieser Stelle direkt hinter der Kirche lag auch der erste Kölner Bahnhof der *Rheinischen Eisenbahngesellschaft*. Diese Eisenbahnlinie kam von Aachen und mündete von Westen her hier in die Stadt ein. Nach dem Bau des späteren Hauptbahnhofs verschwand dieser nun überflüssige Bahnhof, die Eisenbahngleisanlagen und ein Güterbahnhof blieben aber und letzterer verschandelte lange Zeit das Panorama am sonst so schönen Rheinufer.

Oberhalb dieser Grünanlage, wo sich früher der Kreuzgang und die Priesterwohnungen des Stifts befanden, steht nun das Pfarrhaus der Kirche mit einem dazugehörigen Kindergarten. Im 16. Jahrhundert war der ganze Stiftsbezirk, wie man auf einer Vogelschau des Zeichners Hogenberg sehen kann, mit einer hohen Mauer umgeben und zur Rheinseite hin befand sich noch eine kleine Kapelle. Ein Stück weiter rheinabwärts findet man heute noch einen Rest der Kunibertsbastion der

Die ehemalige Stiftskirche St. Kunibert vom Kunibertskloster aus gesehen, überragt vom mächtigen Turm des neuen Westwerkes.

Das Rheinufer auf einem Foto von 1888. Im Vordergrund die Gleisanlagen und das Bahnhofsgebäude der Köln-Aachener Eisenbahn.

alten Stadtmauer, das Kunibertstürmchen. Dieser in ein Wohnhaus integrierte kleine Turm wird heute als der Ort der *Weckschnapp* angesehen, wo man den Gefangenen von der Decke her einen verlockenden Zuckerweck hinhängte. Wenn dann die fast verhungerten Delinquenten gierig in die Höhe sprangen, um den Weck zu schnappen, lösten sie durch ihren Sprung einen Mechanismus aus, der eine Bodenklappe öffnete. Sie stürzten dadurch in die Tiefe, wo aufrecht gestellte, scharfgeschliffene Messerspitzen ihrem Leben ein qualvolles Ende bereiteten.

Das ganze Viertel hat durch den Bau der Nord-Süd-Fahrt viel von seiner Eigenart verloren, durch die neue Musikhochschule und die Neugestaltung des Platzes An der Linde sind aber auch neue Impulse in die Gegend gebracht worden. Es gibt hier zwar keine Eisenbahn mehr, der restaurierte Kölner Hauptbahnhof und verschiedene neue Bahnhofhotels ziehen aber wieder mehr Publikum in diese Gegend.

Spaziergänger können jetzt wieder rund um die Kirche St. Kunibert durch eine kleine grüne Oase wandern. Der Blick vom sanften Hügel hinunter zum belebten Rhein hat seinen besonderen Reiz. Ein Besuch der wiederhergestellten Basilika und ein Spaziergang vorbei am Kunibertstürmchen zum Rheinufer, zur Bastei und in die Anlagen am Theodor-Heuss-Ring bieten einen gelungenen Abschluß dieses Rundgangs.

Blick auf St. Kunibert und das vorgelagerte neue Pfarrhaus von Osten aus. Zwischen der Kirche und der Rheinuferstraße wurde eine kleine Grünanlage geschaffen, die diese Seite der Kirche nun sehr eindrucksvoll zur Geltung bringt.

20. Die Grünanlagen zwischen Ebertplatz und Bastei

Dieser kleine Park hat einen besonders interessanten Hintergrund. Wo sich heute der Ebertplatz und die anschließenden Grünanlagen am Theodor-Heuss-Ring bis zur Bastei erstrecken, lag einst ein Hafenbecken mitten in der Stadt. Es war der von den Franzosen angelegte Sicherheitshafen, in dem Rheinschiffe bei Hochwasser oder Eisgang Schutz finden konnten. Den Anlaß zum Bau eines solchen sicheren Hafens bot die berühmt-berüchtigte Eiskatastrophe von 1784, als mannshohe Eisbarrieren fast fünfzig Rheinschiffe zerstörten. Die Idee für den Sicherheitshafen an dieser Stelle stammte von Napoleon höchstpersönlich, als er 1804 Köln besuchte. Er wollte den Hafen allerdings zwischen Dom und St. Kunibert anlegen, also innerhalb der Stadtmauer. Gebaut wurde er dann aber doch außerhalb der Stadtbefesti-

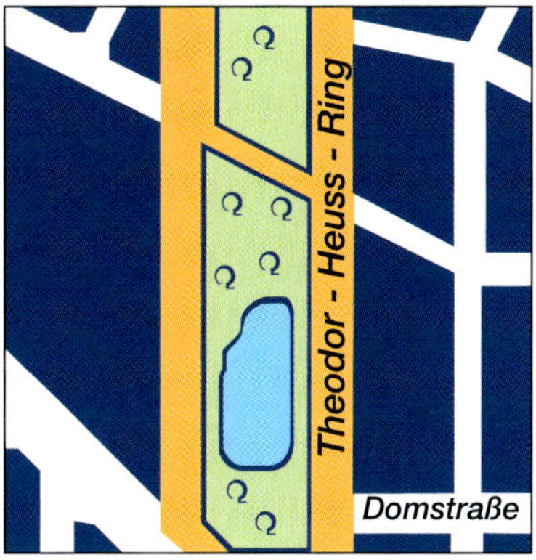

Links: Mittelpunkt des Parks ist der idyllische Weiher, um den herum ein schöner Spazierweg führt. Er ist die einzige Erinnerung daran, daß sich hier einmal ein Hafenbecken befand.

Der ehemalige französische Sicherheitshafen (Foto von 1890) lag zwischen der Bastei und dem Ebertplatz an der Stelle der heutigen Grünanlagen.

gung und am 2. April 1811 begannen die Franzosen auf Initiative des Stadtpräfekten Ladoucette damit, das Hafenbecken auszuheben. Die Hafeneinfahrt lag an der Stelle, wo sich heute die Bastei befindet. Das gesamte Becken erstreckte sich bis zum heutigen Ebertplatz. Es hatte zwar bereits zu reichsstädtischer Zeit (1786) einen ähnlichen Plan gegeben, doch der französische Entwurf war weit großzügiger, aber auch viel teurer. Er belief sich am Ende auf 750.000 Francs, zu denen Napoleons Staatskasse immerhin rund 500.000 Francs beisteuerte. Das Hafenbecken selbst hatte eine Länge von 500 m und eine Breite von 50 m. Ab dem Winter 1814 war die Ladoucette-Werft betriebsbereit.

Nach dem Abzug der französischen Besatzer übernahmen die Preußen in Köln das Regiment. Man entfernte den Grundstein des Hafens und warf ihn in den Rhein, denn die Preußen hatten neue Pläne: Nun sollten in Köln große Häfen gebaut werden, zuerst der Rheinau- und dann der Deutzer Hafen. Die Stadtmauer an der Rheinseite wurde daher abgerissen und die Kaianlagen zwischen Bayenturm und Kunibertstürmchen entstanden.

Im Jahr 1829 wurden die Arbeiten am Sicherheitshafen „vorläufig" eingestellt. Das bedeutete das Ende dieses Hafens. Seit dem Ende des 19. Jahrhunderts wuchs die Kölner Neustadt über den mittelalterlichen Kern der Stadt hinaus. Die Stadtmauer, seit langem der eiserne Reif um das Herz, war abgerissen worden, um der Stadterweiterung Platz zu schaffen und 1891 wurde der Sicherheitshafen zugeschüttet und durch eine Grünanlage ersetzt. Diese überstand den Zweiten Weltkrieg fast unverändert.

Der Bau der Nord-Süd-Fahrt und die Umgestaltung des Ebertplatzes zur U-Bahnstation gaben dem Platz in den siebziger Jahren ein völlig neues Aussehen. Konnte man 1814 noch mit dem Schiff zum Eigelstein fahren, so muß man heute schon Bus oder U-Bahn nehmen. Noch empfehlenswerter ist aber ein Rundgang vom Ebertplatz vorbei am Ententeich hinab zur Bastei am Rheinufer.

Rechts: Das Hochhaus an der Riehler Straße bildet einen interessanten Kontrast zum Grün des Parks.

Die große Liegewiese an der Bastei ist im Sommer Anziehungspunkt vor allem für zahlreiche Familien aus den benachbarten Wohnvierteln.

E. Rund um den Neumarkt und St. Pantaleon

Der Neumarkt ist seit dem Mittelalter einer der wichtigen Plätze der Stadt. Entstanden aus einem einfachen Gartenareal am Westrand der römischen Stadtmauer, entwickelte er sich im Laufe der Jahrhunderte zu einem Ort für den Handel. Rundum gab es große Klöster und Herrenhöfe und auf dem Platz selbst fanden Ritterspiele und das Vogelschießen der Zünfte statt. Ab 1374 gab es einen ummauerten Ziehbrunnen. Nachdem man ihn nicht mehr als Viehtränke brauchte, wurde er in eine Windmühle umgebaut. Diese mußte 1741 weichen, als die Stadt den Platz einebnen und mit breiten Alleen säumen ließ. Nun diente er als Promenaden- und Paradeplatz. Nach ihrem Einmarsch in die Stadt errichteten die französischen Revolutionstruppen hier ihren „Freiheitsbaum“ und nannten den Neumarkt *Place de la République*. 1814 zogen die Franzosen ab und die Preußen mit klingendem Spiel ein. Diese erbauten an der Westseite ihr Offizierskasino. Der Neumarkt wechselte damit wieder seinen Charakter und war nun stärker vom Vergnügen geprägt. Im *Gertrudenhof*, vom Volk „Geistensterz“ genannt, schwofte das gemeine Militär. Nach der Zerstörung des Lokals durch einen Brand erbaute Oscar Carré 1879 an seiner Stelle einen Winterzirkus für 3.000 Personen. Hier gastierte alles, was in der Zirkuswelt Rang und Namen hatte. Nach den Zirkus- übernahmen die Theaterdirektoren das Regiment im neuen Reichshallen-Theater, wie es nun hieß. Viele weltberühmte Künstler kamen und Nikolaus Michael Millowitsch hatte hier sein erstes Gastspiel. Seit 1900 dominieren die Geschäftsleute den Platz, und bis zu seiner Zerstörung im Zweiten Weltkrieg befanden sich am Neumarkt vor allem große Kaufhäuser, wie man sie hier auch heute noch findet.

21. Der ehemalige Pfarrgarten an St. Aposteln

Die romanische Basilika St. Aposteln ist das architektonische Glanzstück des Kölner Neumarkts. Mit ihrer reich gegliederten Ostchorseite und dem Glockenturm bildet sie den optischen Abschluß an der Westseite des Platzes. Ursprung und Gründer der Kirche bleiben weitgehend im geschichtlichen Dunkel. Erste Spuren weisen bis in die karolingische Zeit zurück. Nachdem Erzbischof Heribert das Gotteshaus zu Beginn des 11. Jahrhunderts als Stiftkirche eingerichtet haben soll, entstand es unter seinem Nachfolger Pilgrim in der heutigen Form. Mehrere schwere Unwetter und Brände setzten der Basilika im Laufe der Jahrhunderte gewaltig zu, doch das mächtige Bauwerk überstand sie alle.

Links: Im ehemaligen Pfarrgarten von St. Aposteln herrscht heute eine Atmosphäre der Ruhe, die man von außen her hier nicht vermuten würde.

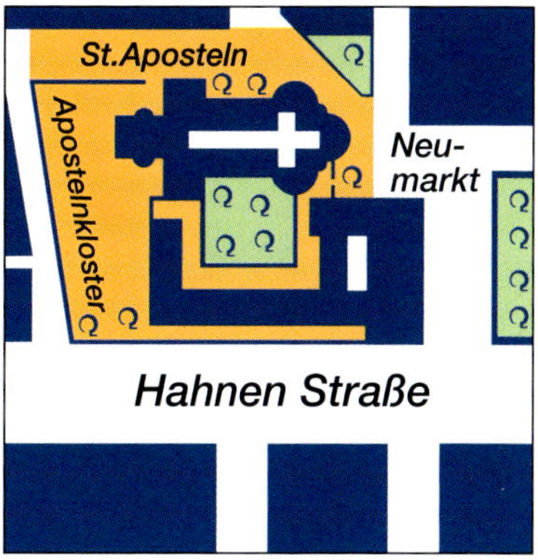

In ihrem Schatten entstand ungefähr zur gleichen Zeit der Kölner Neumarkt. Lag die Kirche St. Aposteln noch außerhalb der alten römischen Stadtmauer, so befand sich der Neumarkt bereits innerhalb derselben, was dieser Gegend im Mittelalter einen eher ländlichen Charakter verlieh. Der Platz wurde bereits im 11. Jahrhundert von Erzbischof Anno II. in seinen heutigen Grenzen festgelegt und war den viel kleineren

Die Westseite des Neumarkts mit St. Aposteln auf einem Stich von J. Poppel und L. Lange (1844). Rechts im Bild der Hof Hackeney mit Treppenturm.

Johannes Finckenbaum (1660) zeichnete St. Aposteln von Süden her, im Vordergrund der Platz am Apostelnkloster, wo heute ein Wochenmarkt stattfindet. – Unten: Blick auf einen der Westtürme vom Pastor-Könn-Platz aus.

Altstadt-Märkten durch seine Ausdehnung weit überlegen. Er diente hauptsächlich als Viehmarkt, wo große Herden jeglicher Art zum Verkauf kamen. An seiner westlichen Kopfseite überragten Kirche und Stift von St. Aposteln in ihrer majestätischen Größe schon damals den ganzen Platz. Das Stiftsgebiet bildete ein großes Viereck, das im Süden bis an die heutige Straße Am Marsilstein heranreichte. Im Westen begrenzte die Benesisstraße und im Norden die Große Brinkgasse das Areal. Die eigentlichen Stiftsgebäude, also die Wohn- und Arbeitsräume der hier ansässigen Geistlichen, waren im Grundriß mit der heutigen Bebauung zwischen Kirche und alter Hahnenstraße identisch. Nur die neue Hahnenstraße, die jetzt als wichtige Verbindung

Rechts: Der Westturm der Basilika ragt heute dominant aus den Bäumen des Pfarrgartens hervor.

zwischen Rudolfplatz und Neumarkt dient, gab es noch nicht. Sie entstand erst nach 1920, als der ständig wachsende Verkehr eine leistungsfähige Ost-Westachse verlangte.
Der Platz hinter dem mächtigen Glockenturm an der Mittelstraße heißt wegen seiner früheren Verwendung heute Apostelnkloster. An der Stelle, wo sich das Amerika-Haus befindet, stand ab 1860 das bekannte humanistische Apostelgymnasium, in dem schon Konrad Adenauer die Schulbank drückte. Dem prominenten und für Köln so verdienstvollen Bürger wurde vor einigen Jahren an der Einmündung der Apostelnstraße ein Denkmal gesetzt, das in seiner Form zwar umstritten ist, dessen Sinn und Zweck die meisten Kölner aber akzeptieren.
Die Nationalsozialisten schlossen während des Zweiten Weltkriegs das Apostelgymnasium wegen seiner nicht regimekonformen Tendenzen. Die Zerstörung durch die Bomben besorgte den Rest. Nach dem Krieg zog die Schule über Klettenberg nach Lindenthal an die Klosterstraße, wo sie sich wieder zu einer der besten Kölner Schulen entwikkelte.
Der Bombenhagel des letzten Krieges zerstörte die Basilika St. Aposteln und ihre unmittelbare Umgebung fast völlig. Heute ist die Kirche in ihrer ganzen Schönheit wiederaufgebaut und wird mit Recht zu den schönsten romanischen Gotteshäusern in ganz Deutschland gezählt.
Am Apostelnkloster findet heute der einzige Wochenmarkt in der Kölner City statt. Die Händler und Bauern aus dem Kölner Umland bieten hier regelmäßig ihre Waren an, wodurch auch ein wenig der alten bäuerlichen Atmosphäre in diese Gegend zurückgekehrt ist. Von diesem Platz aus können Sie durch ein Tor in den ehemaligen Kreuzgang und späteren Pfarrgarten gehen, in dem sich jetzt ein Kindergarten befindet. Hier ist nach dem Krieg eine reizvolle Grünanlage mitten in der Stadt entstanden, die mit der Basilika im Hintergrund ein schönes und friedvolles Bild abgibt. Es gibt einen Durchgang zum Neumarkt, durch den man wieder zum Anfang des kleinen Rundgangs gelangt, in eines der vielen originellen Cafés und Bistros rund um St. Aposteln und den Neumarkt.

Denkmal im Schatten von St. Aposteln für Kölns ehemaligen Oberbürgermeister Konrad Adenauer.

Rechts: Blick in die grüne Oase der Ruhe hinter St. Aposteln, nur knapp eine Minute vom verkehrsreichen Neumarkt entfernt.

22. Das Museum Schnütgen

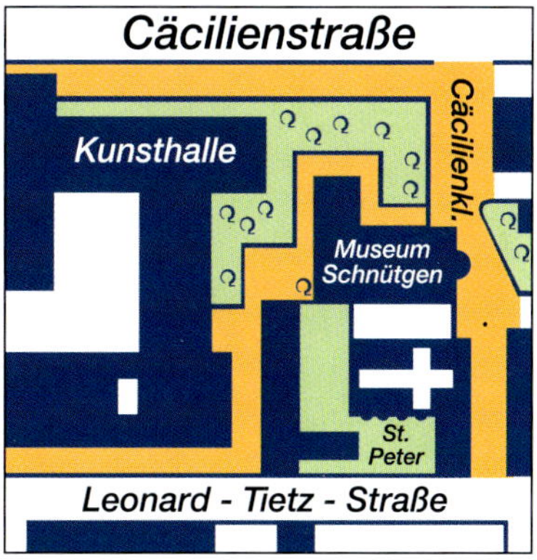

Südöstlich des Neumarkts liegen direkt nebeneinander die beiden Kirchen St. Peter und St. Cäcilien. Die eine, St. Peter, wird noch heute als katholische Pfarrkirche genutzt, die andere, die ehemalige Klosterkirche St. Cäcilien, beherbergt das Museum Schnütgen für christliche Kunst vom frühen Mittelalter bis zum 19. Jahrhundert. Auf dem Kirchengelände von St. Cäcilien wurden Reste römischer Thermen und das berühmte Philosophenmosaik gefunden, das sich heute im Römisch-Germanischen Museum befindet. Eine fromme Legende behauptet, daß an dieser Stelle einmal der erste Dom der Stadt gestanden hat. Sicher ist jedoch, daß hier 873 der Kölner Erzbischof Willibert ein Kloster für adelige Damen nach der Regel des Heiligen Benedikt einrichtete. Die Klosterkirche St. Cäcilien entstand erst zwischen 1150 und 1170, unmittelbar daneben an der Cäcilienstraße befand sich die kleine St. Michaeliskapelle. 1475 entstand ein neues Klostergebäude,

Links: Üppiges Grün umgibt den Anbau des Museums Schnütgen an der Nordseite. Von hier aus ist ein Spaziergang rund um das Museum und die beiden Kirchen zu empfehlen

Die beiden Stiftskirchen St. Peter und St. Cäcilien mit Mauern umgeben, von Osten aus gesehen - 1660 von Johannes Finckenbaum gezeichnet.

Das zugemauerte romanische Portal der ehemaligen Kirche diente dem Schweizer Sprayer Nägeli als Platz für eines seiner umstrittenen Graffiti.

das die gesamte reichsstädtische Zeit bis zur französischen Besatzung in ruhiger Beschaulichkeit überdauerte. 1802 wurde es geschlossen und enteignet. Bis 1805 diente das ehemalige Kloster den Franzosen als Lagerhaus für die vielen aus Kirchen und anderen kirchlichen Einrichtungen entwendeten Kunstgegenstände. Anschließend schenkten sie das Anwesen der städtischen Hospitalverwaltung, da ein von ihnen geplanter Verkauf nicht zustande kam. 1838 wurde die kleine St. Michaeliskapelle an der Cäcilienstraße abgerissen und von 1843 bis 1847 fiel auch das Kloster der Spitzhacke zum Opfer, um dem ersten städtischen Bürgerhospital Platz zu machen. Zwischen 1894 und 1898 die im Laufe der Jahre stark verfallene Kirche St. Cäcilien endlich restauriert. Nachdem das Bürgerhospital 1915 als Universitätsklinik und städtische Krankenanstalten von der Cäcilienstraße in die Lindenburg verlegt worden war, diente das Gelände bis zum Ende des Zweiten Weltkriegs verschiedensten Zwecken.

Der heutige Verwendungszweck als Museum für christliche Kunst verdankt die ehemalige Kirche der Sammelleidenschaft des Domkapitulars Alexander Schnütgen (1843-1918), der bereits 1867 damit begonnen

Hinter dem großen Schaufenster des Museumsanbaus, geschaffen von Professor Karl Band (1950-52), hängt ein bleiverglastes Kirchenfenster, das der eher nüchternen Eingangshalle eine besondere Note verleiht.

Die Figurengruppe über der seitlichen Eingangstür stammt aus der Zeit einer hier bereits in karolingischer Zeit vorhandenen Kapelle.

hatte, christliche Kunst des Mittelalters zu sammeln. 1906 brachte er dann seine Sammlung in eine Stiftung ein, die später als Schenkung der Einrichtung eines Museum dienen sollte. Sie fand ihren ersten Platz im Kunstgewerbemuseum der Stadt Köln. Nach dem Tod Alexander Schnütgens richtete die Stadt 1931 ein erstes Schnütgen-Museum im ehemaligen St. Heribertskloster in Köln-Deutz ein.
Bei Kriegsende lagen die beide Kirchen St. Peter und St. Cäcilien zu größten Teilen in Schutt und Asche. 1949 begann der Wiederaufbau und von 1950 bis 1952 schuf der Architekt Karl Band den Museumsanbau. Seit 1956 befindet sich hier, inmitten einer kleinen Grünanlage und in unmittelbarer Nähe anderer interessanter kultureller Angebote, eine wahre Schatzkammer, denn das Museum Schnütgen beherbergt eine der größten Sammlungen mittelalterlicher Kunst in Europa. Hier finden zudem regelmäßig kulturelle Veranstaltungen wie Vorträge, Konzerte und wissenschaftliche Tagungen statt.
Den Rundgang durch diesen grünen Bezirk können Sie direkt gegenüber im gemütlichen Brauereiausschank *Zur Tant* beschließen und sich dort ein kühles Kölsch mit einem Halven Hahn genehmigen.

Auf dem Gelände an der Nord/Westseite des Museums Schnütgen, auf dem sich heute die Grünanlagen befinden, stand bis 1915 das größte Innenstadtkrankenhaus, das städtische Bürgerhospital. Nach Zerstörung der Gebäude im Zweiten Weltkrieg entstand die heutige Form der Museumsumgebung. Im Zusammenhang mit der Volkshochschule, der Kunsthalle und der Zentralbibliothek wurde hier ein Kulturzentrum geschaffen.

SCHNÜTG
MUSEU

23. Die neue „Wolkenburg" an St. Mauritius

An der Stelle der St. Mauritius-Kirche stand vorher ein kleines Gotteshaus, das ursprünglich St. Michaels-Kapelle hieß und zur Pfarre St. Pantaleon gehörte. 1144 wurde dort eine größere Kirche erbaut. Diese trug den Namen des Märtyrers St. Mauritius, eines römischen Hauptmanns der thebäischen Legion, der um das Jahr 300 hingerichtet wurde, weil er seinem christlichen Glauben nicht abschwören wollte. Die Stiftskirche und das benachbarte Benediktinerinnenkloster teilten sich ab dem 14. Jahrhundert das Gotteshaus. 1802 wurde beides von den Franzosen aufgelöst und verkauft. Die romanische Mauritiuskirche wurde von der ehemaligen Pfarre übernommen, verfiel aber mangels Geldmitteln immer mehr. 1855 stiftete der fromme Bürger Franz Heinrich Nikolaus Frank die gewaltige Summe von 80.000 Goldtalern zum Bau einer neuen Kirche. Die alte wurde kurzerhand abgerissen und 1865 durch einen neugotischen Bau von Vinzenz Statz ersetzt. Ein Kleinod Kölner Kirchenkunst wurde dem Zeitgeist geopfert.

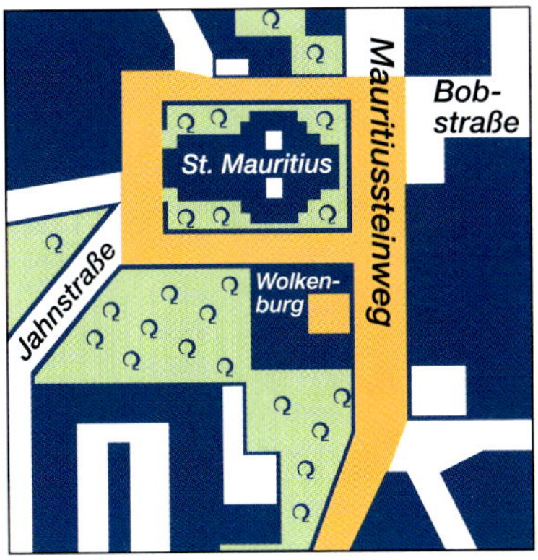

Links: Durch das mächtige Eingangsportal gelangt man in den Innenhof der Wolkenburg, in dem man im Sommer bei Kölsch oder Kaffee sitzen kann.

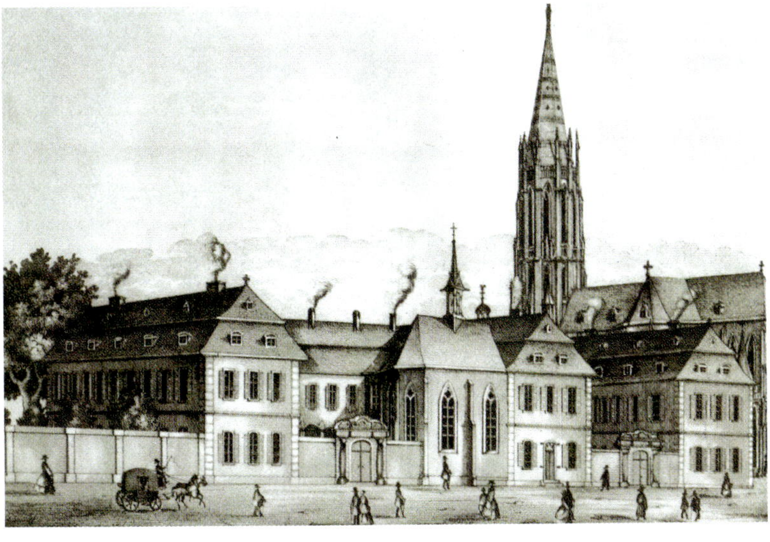

Die barocken Gebäude des früheren Benediktinerinnen- und späteren Alexianerklosters am Mauritiussteinweg stammen aus dem Jahre 1734.

Foto der ehemaligen Klostergebäude in den zwanziger Jahren. Im Zweiten Weltkrieg völlig zerstört, wurden sie 1960 nach alten Plänen wiederaufgebaut.

Im Zweiten Weltkrieg wurde die Kirche schwer zerstört und in einem Mischstil aus Neugotik und Moderne wiederaufgebaut. Lange Jahre störte der Durchgangsverkehr vom Zülpicher Platz zum Neumarkt die Idylle rund um die St. Mauritiuskirche. Dort ist es heute deutlich ruhiger geworden, seitdem der Autoverkehr umgeleitet wurde und nur noch die Straßenbahn um die Kirche kurven darf. Die Trassenführung der Bahn war von Anfang an eine künstliche Schneise, die man zwischen dem Klostergelände und dem Areal der Stiftskirche geschlagen hatte. Von der neugotischen Kirche St. Mauritius blieb hauptsächlich der Turm übrig. Rund um die Kirche aber entstanden nach dem Zweiten Weltkrieg neue Grünanlagen. Der ehemalige Klosterfriedhof wurde zu einem schönen grünen Durchgang vom Mauritiussteinweg zum Rinkenpfuhl umgestaltet.

Ab 1328 existierte an St. Mauritius ein selbständiges Benediktinerinnenkloster, dessen Nonnen ursprünglich in Rolandswerth beheimatet gewesen waren. Die Geschichte des schönen Barockgebäudes geht aber bis ins Jahr 1144 zurück. 1735 wurde das Kloster umgebaut und das prächtige Hauptgebäude zu seiner heutigen Form vergrößert. Die Franzosen lösten 1802 das Kloster auf und verkauften das Anwesen. 1827 übernahm schließlich die Armenverwaltung der Stadt Köln die völlig verwahrlosten Gebäude und übergab sie 1829 den Alexianerbrüdern im Tauschverfahren für ihr ursprüngliches Kloster in der Lungengasse. Die Alexianer hatten es sich zur Aufgabe gemacht, Kranke zu pflegen und die Toten zu begraben – das war eine so wichtige Aufgabe, daß nicht einmal die Franzosen es gewagt hatten, den Orden während ihrer Herrschaft aufzulösen. Die frommen Brü-

Der neugotische Turm von St. Mauritius erhebt sich hoch aus den grünen Baumkronen rund um die Kirche

Das romanische Gotteshaus auf einer Zeichnung von Joh. Finckenbaum um 1660. Diese Kirche wurde 1855 abgerissen und durch eine neugotische ersetzt.

der pflegten auch Pensionäre in einem Altenheim, zusätzlich ist im Kölner Brauereiregister für das Jahr 1828 die Gründung einer Alexianer-Anstalts-Brauerei eingetragen. Bis 1901 brauten die Klosterbrüder an dieser Stelle Bier für den eigenen Bedarf. Als sie 1902 das Kloster am Mauritiussteinweg verließen, um in ihr neues Haus an der Bachemer Straße, das heutige Hildegardis-Krankenhaus, zu ziehen, übernahm die Stadt das Anwesen mitsamt der Brauerei. Sie ließ dort bis kurz vor dem Ersten Weltkrieg eigenes Bier für alle städtischen Krankenhäuser brauen.

Anschließend diente das Gebäude verschiedensten Zwecken etwa der Kölner Kunstgewerbeschule und danach der Rheinischen Musikschule. Heute ist das Ende der achtziger Jahre sorgsam restaurierte Barockgebäude besser als die *neue Wolkenburg* bekannt. Es finden sich nur noch Reste des Klosters in dem schönen Gebäude am Mauritiussteinweg. Im Innenhof des Gebäudes kann man im Sommer abends in gemütlicher Runde bei einem Glas Wein oder Bier verweilen und den Tag ausklingen lassen. Hinter dem Haus in Richtung der Ringe existiert ein kleiner versteckter Biergarten, in dem man unter schattigen Bäumen mit Blick auf die Kirche St. Mauritius sitzen kann. Hier paßt wunderbar der Spruch *Wo man singt, da laß dich ruhig nieder; böse Menschen haben keine Lieder,* denn im Hause selbst proben das ganze Jahr über die Mitglieder des Kölner Männer-Gesang-Verein, der Cäcilia Wolkenburg, um im Karneval ihr legendäres *Divertissementche* im Opernhaus aufzuführen.

Südseite von St Mauritius, vom Park hinter der Wolkenburg aus gesehen.

24. Die Stiftskirche St. Pantaleon

Das Kloster und die Kirche St. Pantaleon bilden auch heute noch eine große, in sich geschlossene Anlage im südwestlichen Teil der Innenstadt. Bis heute hat sich noch ein Rest der alten Klosteratmosphäre erhalten, auch wenn die hier lebenden Schwestern auf eine kleine Zahl zusammengeschrumpft sind. Einst lag das Areal außerhalb der römischen Mauer, doch nach dem Bau der großen Stadtmauer kam es unter Schutz und Schirm der mittelalterlichen Stadtbefestigung.
St. Pantaleon ist – ebenso wie St. Gereon – nach einem römischen Märtyrer benannt. Die Gebeine des Heiligen wurden 972 durch Erzbischof Gero, dem Bruder Kaiser Ottos des Großen, nach Köln gebracht, nachdem sein Vorgänger, Erzbischof Bruno, etwa 960 die Kirche und das Kloster gestiftet hatte. Dieser mächtige Erzbischof, Stadtherr von Köln und Herzog von Lothringen siedelte hier Benediktinermönche aus

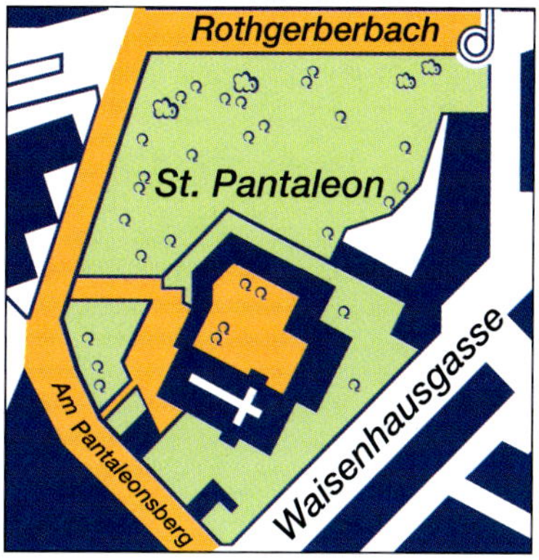

Links: Der Innenhof des Klosters St. Pantaleon von Norden aus gesehen. Die Gebäude beherbergen heute ein Nonnenkloster mit Veranstaltungs-Center und ein Seniorenheim.

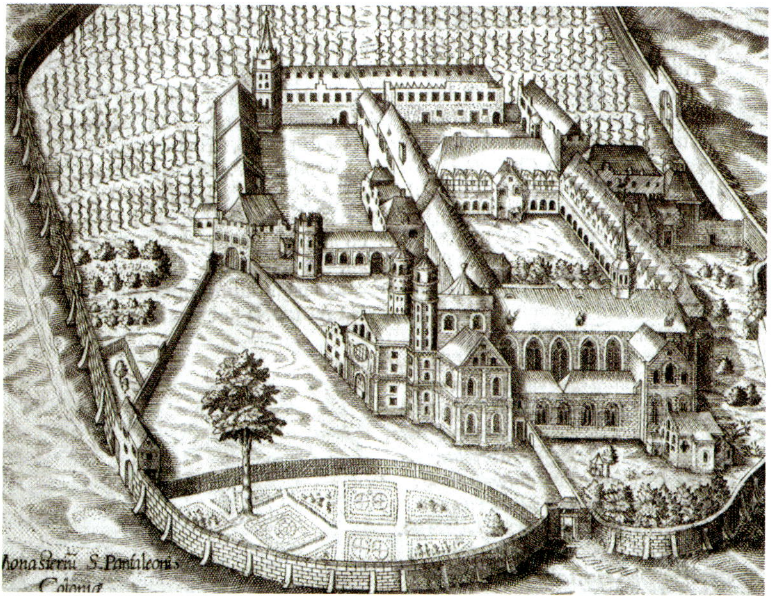

Der Stich von Konrad Stengelius (1638) zeigt die ummauerte Stiftskirche mit ihren zahlreichen Gebäuden. Im Hintergrund der große Weingarten.

Die äußere (Bild oben) und die innere (Bild unten) Klosterpforte sind nach ihrer Zerstörung im Zweiten Weltkrieg heute wiederhergestellt.

Corvey an. Er wurde nach seinem Tod in St. Pantaleon beigesetzt, genau wie seine angeheiratete Nichte Theophanu, Kaiserin von Byzanz, Tochter des oströmischen Kaisers Romanos II. und spätere Reichsregentin. So liegen zwei der um die Jahrtausendwende mächtigsten Personen des Abendlandes an dieser Stelle begraben.

Doch der Glanz dieser Epoche verblaßte und obwohl Kirche und Kloster im Mittelalter verschiedene bauliche Veränderungen erlebten, erreichten sie nie mehr den Stellenwert ihrer berühmten Vergangenheit. Die gewaltige Kirche und das Kloster auf dem kleinen Hügel dämmerten bis zum Beginn der Neuzeit still vor sich hin.

Im kleinen Park zwischen der Kirche St. Pantaleon, dem Rothgerber- und dem Weidenbach blühen im Frühling zahlreiche Bäume in vielen Farben.

Das französische Revolutionsregime und die Säkularisation überlebte St. Pantaleon relativ unbeschadet. Das Kloster wurde 1802 zwar aufgelöst und in einen Militär-Pferdestall umfunktioniert, die Kirchengebäude blieben aber als Pfarrkirche erhalten. Das änderte sich allerdings, als die Preußen 1815 das Rheinland besetzten. Die neuen Herren machten aus dem ehemaligen Kloster 1819 den militärischen Festungsbauhof und St. Pantaleon wurde zur evangelischen Garnisonskirche umgewandelt. Das blieb auch so, bis die Kirche 1922 den Katholiken zurückgegeben wurde.
Eine zweifelhafte Berühmtheit erlangte St. Pantaleon, als die Reichspost 1833 einen Signalturm des optischen Telegraphen – von Berlin nach Koblenz – auf den Kirchturm setzte. Trotz heftigster Proteste dauerte es bis 1858, ehe dieser Schandfleck vom Turm der Basilika entfernt wurde. Auch der erste Bahnhof, in den die Eisenbahn durch das Pantaleonstor bis direkt an die Kirche heranfuhr, hatte nur eine begrenzte Lebensdauer: Er wurde 1893 durch den Centralbahnhof am Dom ersetzt.
Hinter dem Chor von St. Pantaleon führt ein kleine Treppe vom Hügel hinab zur Waisenhausgasse. Unten schließt ein steinernes Portal mit einem schmiedeeisernen Gitter den Klosterbezirk ab. Dieser Weg führt heute von dem Wohnviertel unterhalb der Kirche in einen grünen Bezirk, in dem sich das Pfarrhaus und ein Kindergarten befinden. Der mit hohen Bäumen bestandene Garten des ehemaligen Benediktinerklosters war früher Teil der umfangreichen Weingärten rund um St. Pantaleon.
Von der Waisenhausgasse können Sie einen Rundgang um das gesamte Areal machen. Der

Rechts: Die Südseite von St. Pantaleon. Hier befinden sich das Pfarrhaus und ein Kindergarten. Durch ein weiteres Tor gelangt man zum Pantaleonsklosterberg.

Das Foto von St. Pantaleon zeigt den Bahnhof der Köln-Bonner Eisenbahn (1880), der die ersten Eisenbahnzüge nach Köln mitten in die Stadt brachte.

Östlich der Stiftskirche, am Rothgerberbach Ecke Perlengraben, befand sich die Gemäldegalerie des bekannten Sammlers Peter Weyer (Foto um 1900).

führt entweder den Pantaleonsberg hinauf oder die Waisenhausgasse weiter hinab zum Rothgerberbach. Diese Straße hat viel von ihrer früheren Bedeutung verloren. Sie war Teil eines höchst lebendigen Kölner Viertels, das leider vollkommen aus dem Bewußtsein und der Erinnerung der Bevölkerung verschwunden ist. Ursprünglich hieß sie *Walengasse*, weil in dieser Straße die *Walen*, wie die Niederdeutschen die Wallonen nannten, wohnten. An ihrem Ende in Richtung Perlengraben, wo jetzt der Verkehr auf die Severinsbrücke rollt, erbaute der Bankier Lambert Canto 1708 ein hochherrschaftliches Palais, in das später die hohe Geistlichkeit einzog. Von 1735 bis 1766 residierte in dem Gebäude am Perlengraben die päpstliche Nuntiatur, der Vertreter des Papstes in Köln. Als die französischen Revolutionstruppen den Kirchenbesitz auflösten, wurde das Anwesen zuerst in ein „Zucht- und Arbeitshaus" und später in ein städtisches Waisenhaus umgewandelt. Diesem Zweck, der auch der Gasse ihren heutigen Namen gab, diente es bis 1917, als man die Institution nach Sülz-Klettenberg an den Grüngürtel verlegte.

Von der Ecke Perlengraben können Sie entlang des Rothgerberbachs durch einen kleinen Park zurück zur Kirche St. Pantaleon gehen und dort den Innenhof der Klosteranlage und die Kirche besichtigen. Nach einem Gang rund durch das Grün um die romanische Basilika und einem Besuch im Klosterhof bietet sich eine Besichtigung im Inneren von St. Pantaleon an.

Zwischen den Bäumen des Parks am Weidenbach ragen die wiedererstandenen Türme des Westwerks aus dem frischen Frühlingsgrün.

25. Das Hotel im Wasserturm an der Kaygasse

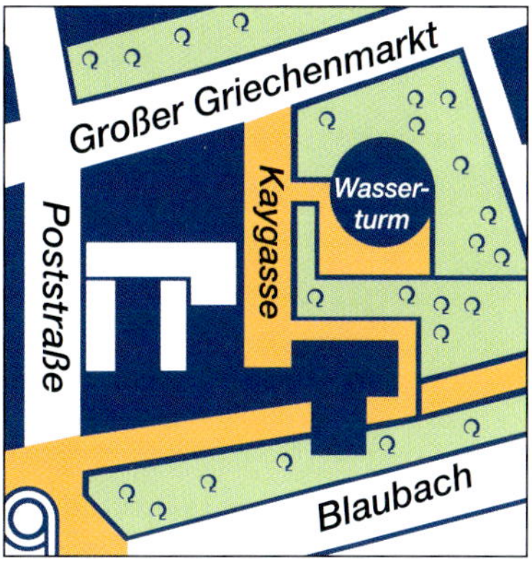

Als die französischen Revolutionstruppen 1815 Köln verlassen hatten, übernahmen die Preußen die Herrschaft über das Rheinland. Das blieb nicht ohne Folgen für Köln: Nach einigen Jahren mit wirtschaftlichen Anfangsschwierigkeiten begannen die neuen Herren etwa Mitte des 19. Jahrhunderts mit einer regen Bautätigkeit, um die geplante neue Großstadt mit der entsprechenden Infrastruktur auszustatten. Für die vielen dazu

Die Atmosphäre im Hotel im Wasserturm zeugt vom besonderen Geschmack des Architekten Konrad L. Heinrich und der Designerin Andrée Putmann.

benötigten Arbeitskräfte war der Bau neuer Wohnungen dringend notwendig. Da die neuen Einwohner auch eine ausreichende Versorgung mit sauberem Trinkwasser benötigten, beschloß die Stadtverwaltung den Bau eines Wasserturmes. Man beauftragte den englischen Ingenieur John Moore damit, den größten Wasserturm Europas zu bauen. Die Gesamtbauzeit betrug vier Jahre, von 1868 bis 1872. Der Turm wurde in der Tat ein Bauwerk der Superlative. Der Durchmesser betrug 34, seine Höhe 35,5 Meter und sein Inneres konnte 3.700 Kubikmeter Wasser fassen. Seine Mauerstärke betrug im Erdgeschoß 1,25 Meter. Die Kölner gaben dem neuen Bauwerk sofort einen Spitznamen: In Anlehnung an die Ähnlichkeit mit einem berühmten Gebäude in Rom nannten sie es die *Kölsche Engelsburg*. Doch der gigantische Wasserturm wurde schon um 1900 von einer noch moderneren Technik überholt: Der Bau eines unterirdischen Leitungssystems, das von den Stadträndern her gespeist wurde, machte den Wasserturm im wahrsten Sinne des Wortes „überflüssig". Seit der Jahrhundertwende wurde er deshalb nur noch als Werkstatt und Magazin der Stadtwerke genutzt. Im Zweiten Weltkrieg trafen ihn mehrfach Bomben, wodurch seine Höhe auf nur noch 27 Meter schrumpfte.

In der Nachkriegszeit lag die historische Industrieruine lange Jahre unbeachtet in der Nähe der Kreuzung der Nord-Süd-Fahrt und der Straße Am Blaubach. Anfang der achtziger Jahre übernahmen zwei kreative private Investoren den Wasserturm und beschlossen, hier ein Luxushotel

Oberhalb der Reste der alten römischen Stadtmauer am Blaubach führt ein idyllischer Spazierweg durch die Grünanlagen.

An der Südseite des Hotels im Wasserturm wurde eine kleine Außenterrasse eingerichtet. Hier hat man den Eindruck, mitten in der Stadt im Park zu sitzen.

der ganz besonderen Art zu errichten. Zwischen 1987 und 1989 schufen der Architekt Konrad Ludwig Heinrich und die französische Star-Designerin Andrée Putmann ein außergewöhnliches Hotel. Der Turm wurde mit extra dafür gebrannten Ziegeln auf die alte Höhe gebracht und die wiedererrichtete Dachgalerie zu einem Panorama-Restaurant umgebaut. Die früheren Blendfenster wurden geöffnet, um Licht in das Innere zu bringen. Um das Hotel herum wurde ein kleiner Park angelegt, der in die Grünanlagen an der alten Römermauer übergeht. Im Sommer kann man hier in einem Außen-Restaurant sitzen und in Ruhe ein hervorragendes Essen oder ein kühles Getränk genießen, wenn einem der etwas höhere Preis nichts ausmacht.

Neben dem Hotel verläuft die Kaygasse, eine Kölner Straße, die jedem Kölner durch das Karnevalslied *En d'r Kaygaß Nummer Null steiht en steinahl Schull* bekannt ist. Eine Schule besteht noch immer schräg gegenüber der Kaygasse am Großen Griechenmarkt. Die Gasse selbst lebt nur von ihrem Nimbus aus der Zeit, als es noch das alte Griechenviertel gab.

Rund um den Wasserturm ist es heute idyllisch grün und sehr ruhig geworden. Hörte man nicht hin und wieder den Verkehrsstrom, würde man nicht glauben, sich mitten in einer Großstadt zu befinden. Wer zwischen Großem Griechenmarkt und den „Bächen“ spazieren geht, dem sei empfohlen, den Weg weiter an der Römermauer vorbei zu nehmen, über die neue Fußgängerbrücke den Blaubach zu überqueren, auf der anderen Seite den kleinen Park zu durchwandern und dort die Kirche und das Kloster St. Pantaleon zu besichtigen (s. S. 153 – 158).

Vom Blaubach aus kann man über eine etwas versteckte Treppe in den kleinen Park hinaufsteigen.

F. Das Severinsviertel

Hier schlägt das Herz von Köln, sagt der Volksmund über dieses alte Kölner Stadtviertel, das wohl wie kein anderes seine Eigenart erhalten hat. Es schlägt hier auch heute noch, trotz vieler sozialer, wirtschaftlicher und auch baulicher Veränderungen im letzten Jahrhundert. Das Viertel ist identisch mit der Pfarre St. Severin, reichte von der Kirche St. Johann (Zint Jan) im Norden bis zur Severinstorburg im Süden und von der Ulrepforte im Westen bis zum Bayenturm im Osten. Heute nennt man die gesamte Severinstraße und zusätzlich noch das Neustadt-Gebiet hinter dem Chlodwigplatz die *Südstadt*. Das Herz aber ist die Kirche St. Severin in der Mitte des Viertels.

Das Viertel erfreut sich in den letzten Jahrzehnten immer größerer Beliebtheit bei der Jugend, die hier an den Wochenenden in vielen Bistros, Discos und Kneipen ihre Unterhaltung sucht. Das Gefühl des Authentischen, des Echten läßt diese Gegend so attraktiv erscheinen. Auch die „Multi-Kulti"-Atmosphäre der vielen verschiedenen Nationen, die hier friedlich zusammenleben, macht seinen Charme aus. Diese Mischung aus Kirchen und Klöstern, Bürgerhäusern, kleinen und großen Betrieben, Schulen, Veranstaltungszentren und der „Vringsstroß" als Lebensader ist ein Magnet für Künstler, Kneipiers und Kölschbrauer. Die kulturellen Strömungen, besonders der bundesweit bekannt gewordene *Kölsch-Rock* von BAP, den Bläck Fööss und anderen Gruppen, haben einen erheblichen Anteil am Nimbus dieses Viertels. Zwischen all diesen modernen Strömungen und Aktivitäten haben sich kleine Oasen der Ruhe erhalten, die abseits des Lärms der Stadt zu einem Besuch einladen. Wer dann später genug von der Idylle hat, der kann mit wenigen Schritten wieder ins pralle Leben der Kneipen und Straßencafés zurückkehren.

26. Die „Spulmannsjaß“, Zint Jan und die Elendskirche

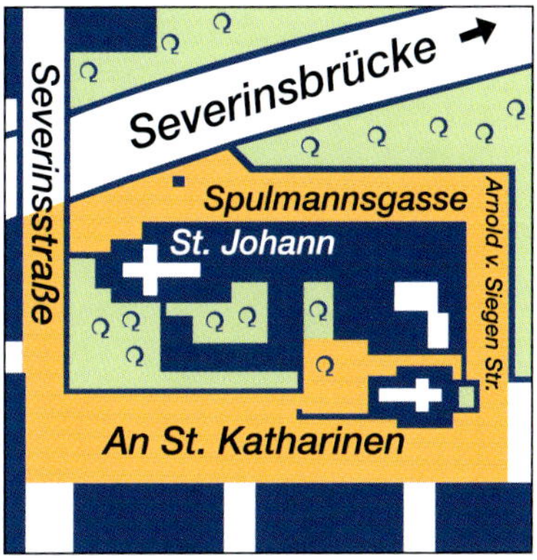

An der Kirche St. Johann Baptist, im Volksmund Zint Jan genannt, kreuzten sich früher zwei wichtige Straßen der Stadt, die Severinstraße und der Perlengraben mit seiner Verlängerung, dem Katharinengraben. Die *Gräben* waren die Grenze der zweiten Stadtmauer von 1106, die das Stadtgebiet erheblich erweiterte und den neuen Stadtteil Oversburg (Airsbach) nach Süden abgrenzte. Die Kirche von St. Johann wird zum ersten Mal 948 erwähnt, als sie noch Teil der Pfarre St. Severin war, die sich damals außerhalb der Mauern befand. Erst im 12. Jahrhundert wurde sie eine selbständige Pfarre zu der auch ein für die Pilgerstadt Köln notwendiges Hospital für auswärtige Besucher gehörte. Einheimische

Links: An der Nordseite der Kirche Zint Jan führt die Spielmannsgasse, vorbei am alten Küsterhaus mit dem Kruzifix, zu den Anlagen an der Auffahrt zur Severinsbrücke.

Foto von August Sander (1920-1939) mit dem Turm der Kirche und davor an der Severinstraße der Ausschank der benachbarten Hitdorfer Brauerei.

Eingang und Westseite der Elendskirche am Katharinengraben.

kamen zu dieser Zeit noch nicht in ein Krankenhaus, da sie ausschließlich zu Hause versorgt wurden.

Hinter dem Hospital am Katharinengraben befand sich ein Friedhof, den man *Elendsfriedhof* nannte, weil hier Hingerichtete und Protestanten beerdigt wurden. Nachdem dort zuerst nur eine kleine Kapelle existiert hatte, wurde an dieser Stelle von 1765 bis 1771 die *Elendskirche* errichtet. Sie war eine Stiftung der Gebrüder Franz Gabriel und Everhard von Groote. Diese Institution besteht bis heute und kümmert sich um den Erhalt der Kirche.

Daneben verdeckten zwei große Häuser die fünfschiffige romanische Basilika, die ihre gesamte Schönheit und Größe nur im Verborgenen entfalten konnte. Diese verschwand samt den vorgelagerten Häusern im Bombenhagel des Zweiten Weltkriegs, und anstelle der alten wurde eine neue freistehende Kirche errichtet. Geblieben ist ein *wundertätiges Gnadenbild* im Inneren der neuen Kirche, an dem die Gläubigen des Viertels um göttliche Hilfe bitten und sie manchmal, so bezeugen es die vielen Danktafeln an den Wänden, auch erhalten. Geblieben ist auch die neue Spielmannsgasse, wo einst die Spielleute wohnten, die bei den zahlreichen Festen im Viertel zum Tanz aufspielten. Die ursprüngliche, ehemals so typisch kölsche Gasse ist dem Bau der Rampe zur Severinsbrücke zum Opfer gefallen. Die ehemalige St. Johannis-Küsterklause mit dem Kreuzigungsbild an der Hausfront und die jährlich dort stattfindende Pfarrkirmes haben hingegen alle Veränderungen überstanden. Neu ist die Severinsstatue an der Nordseite der Kirche, die von oben majestätisch auf den fließenden Autoverkehr zu ihren Füßen hinunterblickt. Sie wurde 1964 von dem Bildhauer Elmar Hillebrand geschaffen.

Hinter der Kirche, wo sich früher ein Benediktinerinnenkloster befand, erstreckt sich nun eine kleine grüne Oase, die den Kindern des Pfarrkindergartens als Spielplatz dient. Man kann einen Spaziergang rund um die beiden Kirchen machen, der zum Rhein hin an der Arnold-von-Siegen-Straße durch eine Grünanlage zur Auffahrt der Severinsbrücke führt. Auch im Innenhof der Elendskirche befindet sich auf einer Bank zwischen Bäumen und Sträuchern die Möglichkeit, das Äußere der Kirche auf sich einwirken zu lassen. Nach einem Besuch derselben können Sie Ihren Spaziergang mit der Einkehr in eine der zahllosen gemütlichen Kneipen des Severinsviertels beschließen.

Der beschauliche Innenhof vor dem Portal der Elendskirche im Blütenschmuck. Hier kann man auf den Parkbänken sitzen und das Bild der Kirche auf sich wirken lassen.

27. Das Kartäuserkloster mit der St. Barbara-Kapelle

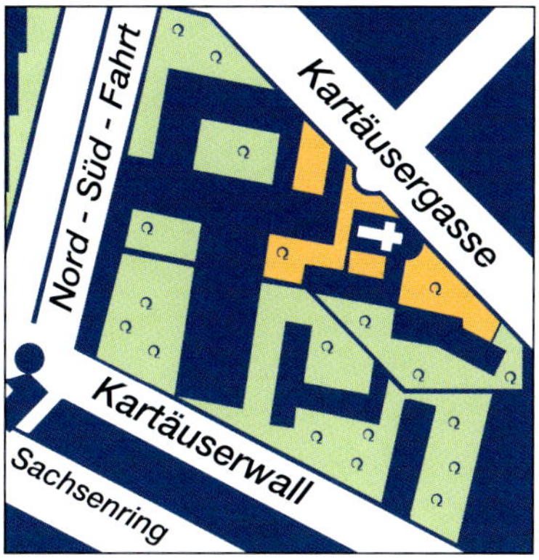

Der Gründer des Kartäuserordens, der Hl. Bruno, wurde um 1027 in Köln geboren. Sein Orden hatte sich strenge Regeln gegeben: Studium des Glaubens, Kontemplation, Erforschung der Natur, Zurückgezogenheit von der Welt und ein allgemeines Redeverbot. Die Kartäuser waren Teil einer Reformbewegung, die im 12. Jahrhundert den katholischen Glauben auf seine einfachen Wurzeln zurückführen wollte. Ihre ersten Klöster entstanden in einer einsamen Gebirgsgegend der Chartreuse in Frankreich, woher sich auch der Name ableitet. Dort, in der Abgeschiedenheit der Berge, entstand ein Orden, der sich in ganz Europa ständig weiter ausbreitete und schließlich 1334 zu seinen Wurzeln nach Köln zurückfand.

Links: Das Hauptportal der ehemaligen Kartause führt heute in den Innenhof der evangelischen Tagungsstätte. Vor zweihundert Jahren lebten hier die Kartäusermönche.

Die alte Kartause, von der Kartäusergasse aus gesehen, vor ihrer Zerstörung. Foto von August Sander (1920-1939).

Blick von Süden in den 'Kleinen Kreuzgang', der gleichzeitig mit der benachbarten Kartäuserkirche erbaut wurde (1363-1395).

In diesem Jahr stiftete der Erzbischof Walram III. die Kartause am südwestlichen Rand der mittelalterlichen Stadt. Einige der ältesten und vornehmsten Kölner Patriziergeschlechter – etwa die Lyskirchens, die Scherffgin und die Overstolzens – unterstützten den Orden durch die Bereitstellung von Geldmitteln und Grundstücken. So entstand hier zwischen Weingärten und Kappesfeldern ein Ort der Stille, des Gebets und der Forschung. Die Kölner Kartause war ein Mönchsorden, der seine Mitglieder in drei Gruppen aufteilte: 1. die Patres, die sich mit den Gottesdiensten, dem Studium des Glaubens und der Forschung beschäftigten, 2. die Laienbrüder, die sich um die Dinge des täglichen Lebens kümmerten, sich aber auch mit dem Abschreiben von Büchern und der Pflege des Kräutergartens befaßten und 3. die Donaten, fromme Bürger, die sich für einen bestimmten Zeitraum den Klosterregeln unterwarfen, dann aber wieder in ihr normales Leben zurückkehrten. Außerhalb des

Immer wieder findet der Besucher in der ausgedehnten ehemaligen Klosteranlage verträumte Winkel, in denen man sich einige Jahrhunderte zurückversetzt fühlt.

Klosters gab es noch die *Praebendarii*, die Pfründner, die nach etwas erleichterten Ordensregeln lebten und ihren Besitz nach ihrem Tod dem Kloster vererbten.
Bestimmend für das System der Kartause war die hierarchische Trennung der in Studium und Forschung tätigen Patres von den Laienbrüdern, die nur die niederen Dienste erledigen durften. Mittelpunkt war die Klosterkirche der Hl. Barbara, an der links eine kleine Seitenschiffkapelle und rechts der große Kapitelsaal der Patres angebaut waren. Daran schloß sich – heute noch in Resten erkennbar – der kleine Kreuzgang an. Nicht mehr vorhanden ist der große Kreuzgang zum Kartäuserwall im Westen, an den die Zellen der Patres angrenzten.
Diese waren kleine Einsiedlerhäuschen, die ihre Türen nebeneinander zum Kreuzgang hin hatten. Hinter jeder dieser Zellen befand sich ein etwa 50–100 qm großer Kräutergarten, in dem die Mönche die Pflanzen für ihre Studien, aber auch für ihre vegetarische Ernährung anbauten. Im weiträumigen Klostergarten zur Ulrichgasse hin wurde in großem Stil Obst und Gemüse für die mehr als hundert Mitglieder zählende Klostergemeinschaft angebaut. Außerdem verfügten die Kartäuser noch über große Ländereien außerhalb der Stadt, die ihnen aus Schenkungen zugeflossen waren. Neben der Herstellung von Büchern strebten sie vor allem danach, den Anbau von Nutz- und Heilpflanzen zu verbessern. Verschiedene alte Baumkulturen, die der letzte Krieg übrig ließ, verschönern noch heute diese

Links: Blick durch das schlichte Eingangstor zur Kartäuserkirche. Im Hintergrund das alte Pfarrhaus.

Das Barock-Portal der rekonstruierten Kartäuserkirche (1949-1953).

Oase im Süden der Stadt. So war die Kölner Kartause sowohl von ihrer religiösen und wissenschaftlichen als auch von ihrer kulturhistorischen Bedeutung her eine der interessantesten Institutionen Kölns. Hier entstanden Lebensformen verschiedenster Art, die wie die fleischlose Ernährung teilweise bis in unsere Zeit nachwirken.
In der Kartäuser-Kirche, die der Hl. Barbara geweiht war, befanden sich wertvolle Altarbilder und Kunstwerke, die fromme Bürger gestiftet hatten. Mit dem Rückgang der wirtschaftlichen Bedeutung Kölns im 17. Jahrhundert nahmen auch der Wohlstand und die Spendenfreudigkeit der Bürger stark ab und die Mönche mußten sich nach eigenen wirtschaftlichen Einnahmen umsehen. Das gelang ihnen auch

und es blieb sogar noch genug materielle Substanz, um in der Kartause eine der berühmtesten Bibliotheken des Landes einzurichten. Dem Klosterbezirk war außerdem eine komplette Buchproduktion angegliedert, in der zeitweilig mehr als hundert Menschen arbeiteten.

Nach der Besetzung Kölns durch die Franzosen 1794 wurde das Kloster aufgelöst und die Bücher der berühmten Bibliothek in alle Winde zerstreut. Dies geschah teils durch Beschlagnahmung seitens der Franzosen, teils durch private Restverkäufe des ehemaligen Klosters, um die den Lebensunterhalt der nun als Privatleute lebenden Mönche zu bestreiten. Nach der Übernahme des Rheinlandes durch Preußen 1814 verwaltete der Fiskus das Areal und nutzte es unter anderem militärisch. 1923 wurde die evangelische Kirche Besitzer der Kartause und nach dem Zweiten Weltkrieg, in dem die Gebäude stark zerstört wurden, richtete sie hier ihr „Haus der evangelischen Kirche“ und Seniorenheime ein, nachdem sie den gesamten Gebäudekomplex der alten Kartause hervorragend restauriert hatte. Innerhalb des ausgedehnten Areals findet man immer neue überraschende Winkel und Durchblicke und der nachgewachsene Baumbestand unterstreicht den idyllischen Eindruck der ehemaligen Klosteranlage.

Die Kartause war schon von ihrer Ausdehnung her eine kleine Stadt in der Stadt. Ihre gewaltigen Abgrenzungen sind noch heute sichtbar und gekennzeichnet durch die teilweise bestehengebliebene Ummauerung, in die verschiedene Altarbilder eingelassen sind. Diese befinden sich an den Ecken der Nord-Süd-Fahrt zum Kartäuserwall und zur Kartäusergasse. Am Ende des Kartäuserwalls in der Nähe des Severinstores stand bis 1921 die Kartäuser Brauerei, die zur alten Brauerei Balchem auf der Severinstraße gehörte. Heute ist in dem von der Stadt restaurierten Gebäude das „Schulz“, ein Schwulen- und Lesbenzentrum untergebracht.

Eine Besichtigung der Kartäuserkirche und der restaurierten ehemaligen Klostergebäude, verbunden mit einem Rundgang um das gesamte Areal, bei dem man auch die *Ulrepforte*, den Roten Funken-Turm passiert, können sie zum Beispiel mit einer Einkehr im Gasthaus Wirtz in der Josephstraße abschließen.

Die Südwestseite der wiedererstandenen Kirche grenzt unmittelbar an den Kleinen Kreuzgang.

Rechts: Der Park, der im nördlichen Teil – den ehemaligen ausgedehnten Kräutergärten der Kartause – entstanden ist, beherbergt heute Tagungsräume und ein Seniorenheim.

28. St. Maria vom Frieden in der Schnurgasse

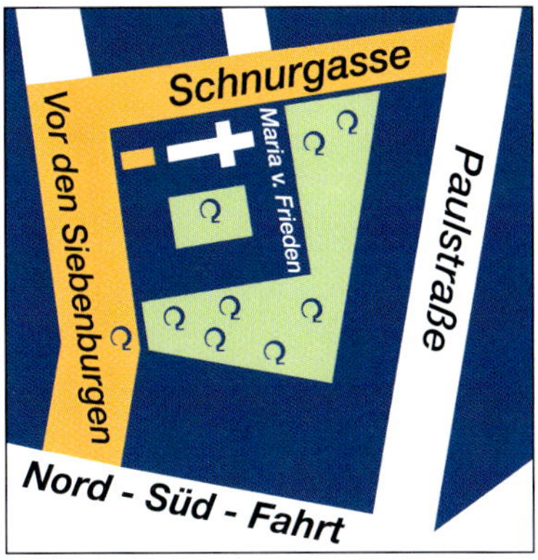

Die Kirche St. Maria vom Frieden in der Schnurgasse gehört zu dem Karmeliterinnenkloster, das hier 1637 gegründet wurde. Der Beinamen „vom Frieden“ stammt von einem Gnadenbild, das den *Unbeschuhten Karmeliterinnen* 1642 von der in Köln im Exil lebenden französischen Königin Maria von Medici gestiftet wurde.

Die Ordensgemeinschaft der Karmeliterinnen lebte nach äußerst strengen Gesetzen, die neben den üblichen drei Gelübden – Armut, Keuschheit und Gehorsam – ein absolutes Schweigegebot und den Verzicht auf Schuhwerk beinhaltete. Außerdem mußten die Mitglieder beim Eintritt in den Orden eine Mitgift entrichten, wodurch nur begüterte Frauen eintreten konnten. Die frommen Schwestern waren von Brüssel und Antwerpen nach Köln entsandt worden, um hier die allgemeine Volksfrömmigkeit zu fördern. Die Kirche wurde 1692 vorläufig eingeweiht und 1716 mit dem Bau der Fassade vollendet.

Auch das Karmeliterinnenkloster wurde 1802 von den französischen Revolutionstruppen geschlossen und zur einfachen Pfarrkirche heruntergestuft. Die Schwestern verteilten sich als

Links: Das Karmeliterinnenkloster, von der Straße Vor den Siebenburgen aus gesehen.

Die Klosteranlage der Karmeliterinnen und die Kirche Maria vom Frieden, aus der Luft gesehen. In der Mitte der Kreuzgang mit seinen Grünanlagen.

Die Barock-Fassade der Kirche mit einem schmiedeeisernen Gitter davor.

Privatpersonen auf die ganze Stadt. Nach dem Abzug der Franzosen gründeten Lütticher Karmeliterinnen 1850 ein neues Kloster in Köln, das seinen Standort allerdings öfters änderte, bis die Ordensfrauen während des Kulturkampfes (1871-1887) die Stadt ganz verlassen mußten und nach Roermond ins Exil gingen. 1899 kehrten sie nach Köln zurück und bezogen wiederum ein Kloster, diesmal in der Dürener Straße. Das alte Kloster in der Schnurgasse wurde 1906 abgerissen.

Als Bomben das Kloster in der Dürener Straße im Zweiten Weltkrieg zerstörten, wurden seine Bewohnerinnen nach Augsburg evakuiert, kamen aber 1945 wieder in die Domstadt zurück. 1949 siedelten sie sich in ihrer ursprünglichen Heimstatt in der

Das Kloster und die Kirche Maria vom Frieden vor ihrer Zerstörung im Zweiten Weltkrieg auf einem Foto von August Sander (1920-1939).

Barocker Hochaltar in St. Maria vom Frieden.

Edith Stein (1891-1942).

Schnurgasse an und bauten dort Kirche und Kloster wieder auf. Die Bauarbeiten dauerten bis 1964 und heute bewohnen die Schwestern einen wunderschönen idyllischen Karmel, der zu Recht als Kölner Oase bezeichnet werden kann.

Das prominenteste Mitglied des Kölner Karmels war Dr. Edith Stein. Die 1891 in Breslau geborene Wissenschaftlerin war 1921 vom Juden- zum Christentum konvertiert und trat 1933 in den Orden der Karmeliterinnen ein. Lange Jahre arbeitete sie als Hochschuldozentin in Freiburg und Speyer, ehe sie schließlich nach Köln kam. Ihr Ordensname war *Theresia Benedikta vom Frieden*. Als die Nazis den Druck auf die jüdischen Mitbürger immer mehr verstärkten, wechselte sie in ein Kloster in den Niederlanden. Nach der Besetzung des Nachbarlandes konnte sie auch hier dem Nazi-Terror nicht entgehen. 1942 wurde sie verhaftet und einige Tage später im KZ Auschwitz-Birkenau in einer Gaskammer ermordet. 1999 wurde sie von Papst Johannes Paul II. seliggesprochen.

Zum Kloster in der Schnurgasse gehört ein kleiner Park hinter dem Gebäude und ein Innenhof mit idyllischen Blumenbeeten. Leider ist das Kloster aus religiösen Gründen für die Allgemeinheit nicht zugänglich, ein Besuch der Kirche mit ihren zahlreichen Kunstschätzen lohnt sich aber jederzeit.

29. Der Karl-Berbuer-Platz an der Severinstraße

Es gibt in Köln viele Straßen und Plätze, die nach berühmten Mitbürgern benannt sind, nach historischen Personen wie Künstlern und Politikern. Eine ganz besondere Liebe entwickeln die Kölner zu den Komponisten, Textern und Interpreten ihrer Volks- und das heißt häufig ihrer Karnevalslieder. Nach dem unvergessenen Willi Ostermann gebührt der ehrenvolle zweite Platz bestimmt dem Sänger und Komponisten Karl Berbuer und seinen unvergessenen Liedern.
Karl Berbuer wurde 1900 als Sohn eines Bäckermeisters im urkölschen Griechenviertel geboren und übte lange Jahre den Beruf seines Vaters aus. Doch dann widmete er sich ganz seiner eigentlichen Passion, dem Texten und Komponieren. Noch vor dem Zweiten Weltkrieg hatte er seinen ersten Erfolg mit dem 1936 entstandenen Lied: „Heidewitzka, Herr Kapitän“. Er schuf anschließend über hundert Karnevals- und Trinklieder, wobei er nicht nur allgemeine und unverfängliche, sondern auch politische und zeitkritische Themen anfaßte. Besonders in der für alle kritischen Geister gefährlichen NS-Zeit, wagte er immer wieder ein offenes Wort. Auch in der Nachkriegszeit blieb er stets am Puls der Zeit. Das bekannteste Lied dieser Gattung war die Fast-National-Hymne „Wir sind die Eingeborenen von Trizonesien“, worin er 1948 die Einteilung Deutschlands in die drei Besatzungszonen persiflierte. Zur gleichen Zeit entstand auch der Evergreen „O Mosella“, in dem er auf die damals mangelhafte Versorgung mit alkoholischen Getränken anspielte: „O Mosella, trinkst du den Wein allein“.

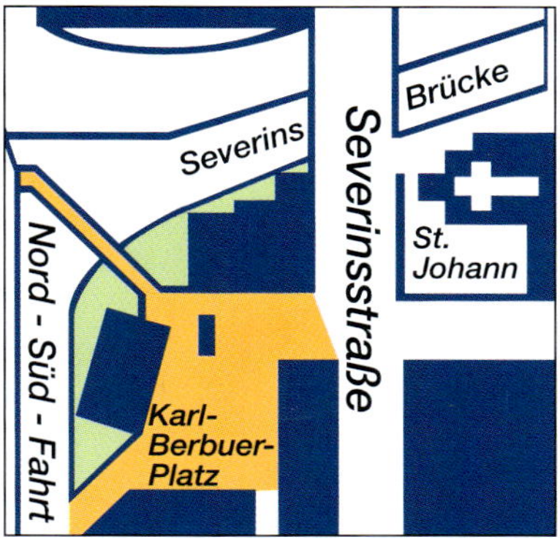

Links: Karl Berbuer auf der Spitze seines Brunnens.

Der „Deutzer Lappenclown“ mit seiner dicken Trumm gehört natürlich auch zu den Karnevalstypen, die den gelungenen Brunnen schmücken.

Auf seinem Narrenschiff gleitet der beliebte Volkssänger Karl Berbuer noch heute „mit Tiefgang“ durch die Wellen des rheinischen Frohsinns.

Karl Berbuer starb ganz plötzlich am 17. November 1977. Im Herzen von Köln, im Severinsviertel, errichtete man ihm einen Brunnen als Denkmal und benannte auch seinen Standort nach ihm: Karl-Berbuer-Platz. Den Brunnen hat der bekannte Aachener Bildhauer Bonifatius Stirnberg in der Form eines Spielbrunnens gestaltet, bei dem jedes einzelne Teil drehbar ist. Auf diesem „Narrenschiff“ findet man seine bekanntesten Lieder noch einmal dargestellt, die ihn so beliebt und berühmt machten.

Auf diesem ruhigen Plätzchen zwischen der Kirche Zint Jan an der Severinstraße und der verkehrsreichen Nord-Süd-Fahrt, findet man sich beim Betrachten des Brunnens plötzlich in der Welt der Lieder von Karl Berbuer wieder, die so vielen Menschen Freude bereitet haben. Bei einem Besuch der zahlreichen Kneipen in der Nähe des Plätzchens kann es Ihnen sogar passieren, daß Sie einer der vielen Typen begegnen, die Karl Berbuer in seinen Liedern besungen hat.

Der Sänger Karl Berbuer in seiner „Heidewitzka, Herr Kapitän“-Uniform. – Rechts: Nebenan schaut die Kölsche Jungfrau züchtig zu Boden.

30. Die Basilika St. Severin und der Markt An der Eiche

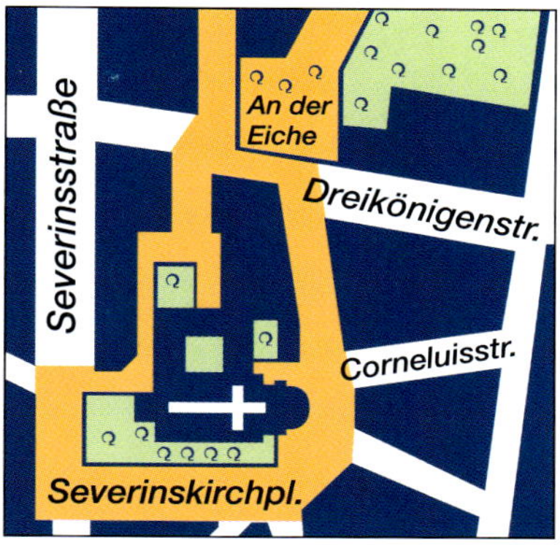

Eine Oase mit ganz besonderem Charakter ist die Gegend rund um die Kirche St. Severin, denn sie ist nicht so sehr von der stillen Art. Hier finden Sie in direkter Nachbarschaft den Kontrast zwischen den stillen Ecken und dem prallen Leben einer jahrhundertealten Hauptstraße in einem der belebtesten Kölner Viertel.
Beginnen wir unseren Rundgang an der zwischen 1393 und 1411 erbauten Basilika und Stiftskirche zu Ehren des Hl. Severin, des dritten Kölner Bischofs, der von 349 bis 399 gelebt hat. Die romanische Kirche ist seit jeher der religiöse Mittelpunkt des Viertels und auch heute suchen noch täglich Gläubige das dort befindliche Bild der wundertätigen Madonna zu einem kurzen Gebet

Links: Von der Annostraße führt der Weg durch die Severinsmühlengasse hinauf zum Chor von St. Severin.

Die Basilika St. Severin von Süden auf einer Zeichnung von Joh. Finckenbaum (1660-1665). Der Stiftsbezirk ist von einer Mauer umgeben.

auf. Die Kirche und die sie umgebenden Gebäude bilden eine kleine beschauliche Insel, deren stillen Winkel man erst beim zweiten Blick entdeckt.
Bei einem Gang von der Severinstorburg zur Kirche sollten Sie es nicht versäumen, sich die restaurierte Fassade des ehemalige Brauhauses Zum *goldenen Bären* von 1676 anzuschauen, hinter der sich bis 1890 die Brauerei Balchem befand. Heute wird das Untergeschoß des Hauses als städtische Bücherei genutzt.
Das Severinskloster liegt versteckt zwischen der Kirche und dem Platz „An der Eiche". Hier findet wöchentlich ein kleiner Bauernmarkt statt, und an schönen Tagen treffen sich die Menschen aus dem Viertel in der von Bäumen umsäumten Außengastronomie. Hinter dem Platz An der Eiche schließt sich eine neue ausgedehnte Grünanlage an, die bis zur Annostraße reicht. Hier wurden viele der alten Häuserkomplexe saniert und die Innenhöfe begrünt. Vor allem das Gelände der ehemaligen Stollwerckfabrik wurde zu einem Wohngebiet umfunktioniert, das im Laufe der Jahre immer grüner und bewohnerfreundlicher wird und das Viertel strukturmäßig stark verbessert hat.
Das „Vringsveedel" war und ist das Herz von Köln. Hier gibt es noch Typen und Originale und das Vereinsleben funktioniert nach wie vor. Neuankömmlinge wurden hier zu jeder Zeit schnell akzeptiert und integriert. Wenn Sie zum Abschluß dieses Rundganges in eine der gemütlichen Kneipen des Viertels einkehren, dann erleben Sie etwas von der interessanten Atmosphäre der „Kölner Lebensart", deren Mittelpunkt seit Jahrhunderten der rege Betrieb rund um den hoch aufragenden Turm von St. Seve-

Rechts: Blick vom Markt An der Eiche durch das Severinskloster hin zum Turm von St. Severin.

Das Foto (Vorlage für ein Gemälde) von Wilhelm Scheiner (1889) zeigt den Severinsklosterplatz. Im Hintergrund das Tor zum Platz An der Eiche.

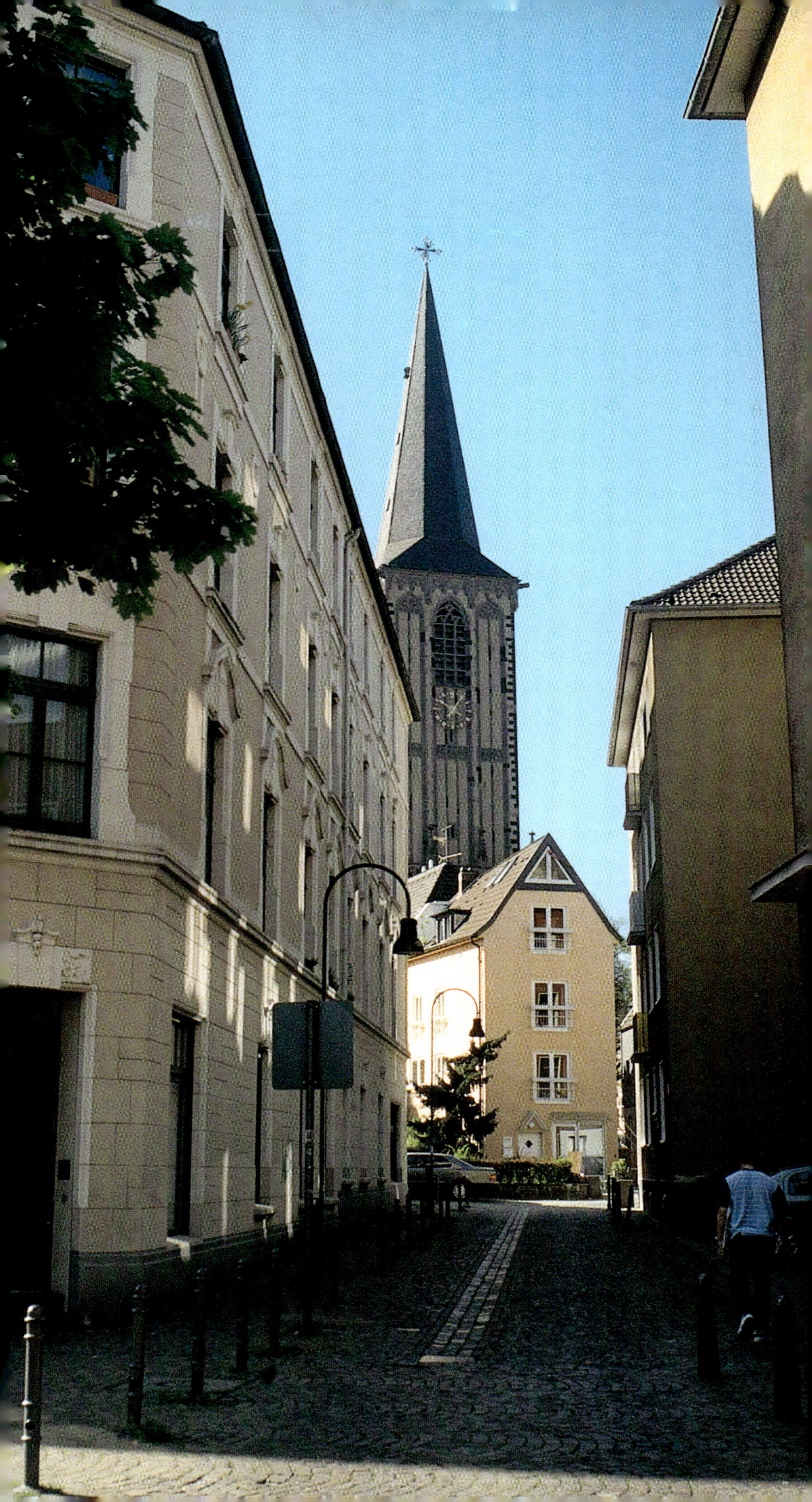

31. Die alte Bottmühle am Ubierring

Eine im frühen Mittelalter entstandene Großstadt wie Köln mußte zur Versorgung ihrer Bevölkerung über eine im Belagerungsfall funktionierende Infrastruktur verfügen. Die Mühlen spielten hierbei eine besonders wichtige Rolle. Sie waren die Großtechnologie des Mittelalters und die Kölner Bürger machten sich ihre verschiedenen Antriebsarten zunutze.

Da waren einmal die aus dem Vorgebirge kommenden Bäche. Diese waren wegen ihres niedrigen Gefälles nur bedingt als Antriebskraft zu nutzen, ebenso wie die von Pferden angetriebenen Roßmühlen. Die Strömung des Rheins war dagegen schon viel effektiver und wurde zum Antrieb einer größeren Zahl von Schiffsmühlen genutzt, wie sie auf alten Stadtansichten im Fluß treibend dargestellt sind. Im Angriffsfall lag der Fluß jedoch außerhalb der Stadtmauer und war nicht besonders sicher.

Links: Vom Severinswall führt eine Treppe hinauf zum Turm der Bottmühle, heute ein Jugendheim.

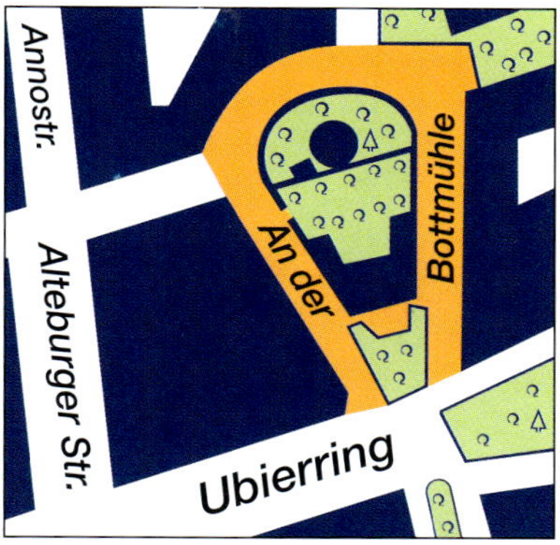

Sicher und stark waren dagegen die seit dem 13. Jahrhundert bestehenden städtischen Windmühlen. Vor allem die auf der Stadtmauer, die sich ständig im Wind drehten, sorgten dafür, daß immer frisches Mehl zur Verfügung stand. Von diesen Mühlen gab es insgesamt vier: die Gereonsmühle, die Panta-

Die alte Windmühle stand auf einem kleinen Hügel wo sich heute die neue Bottmühle befindet (Zeichnung von Joh. Finckenbaum 1660-1665).

Um 1900 war aus der ehemaligen Windmühle ein monumentaler Turm geworden, dem auf der Ostseite ein weiterer kleiner Turm hinzugefügt worden war.

leonsmühle, die Kartäusermühle und die Bottmühle zwischen Severinstorburg und Bayenturm.
Die erste „Bottmühle“ war, ähnlich wie die heute noch in Holland arbeitenden hölzernen Mühlen auf einem drehbaren Holzbock befestigt. Sie leitet ihren Namen von dem „Bott“ her, wie der Unterbau dieser alten Windmühlen genannt wurde. Mühlenmeister Peter von Gleuel hatte sie 1587 erbaut und knapp hundert Jahre später wurde sie vom Stadtsteinmetz Andreas von Jülich durch einen steinernen Mühlenturm ersetzt. Im Laufe der Jahrhunderte wurde die Mühle noch mehrfach umgebaut, bis sie 1921 in den Besitz der Stadt kam, die sie in der heutigen Form zu einem Jugendheim ausbaute. In diesem Teil des Stadtgebiets innerhalb der Mauer befanden sich früher umfangreiche Weingärten, was sich der Spaziergänger heute kaum mehr vorstellen kann.
Lange Jahre bestimmte die gegenüber der Bottmühle gelegene Schokoladenfabrik Stollwerck den Charakter dieses Teils des Severinsviertels. Nach der Auslagerung der Fabrik in den achtziger Jahren wurde hier ein neues Wohngebiet erbaut. Die neuen, meist jungen Bewohner und die Studenten der umliegenden Hochschulen bevölkern heute die Straßen und Kneipen der Gegend. Ein Spaziergang rund um die Bottmühle sollte unbedingt mit einem Besuch in einem der vielen bunten Straßencafés dieser Gegend verbunden werden.

Rechts: Heute präsentiert sich der Turm, der mittlerweile ganz von Efeu überwuchert ist, als eine grüne Oase.

G. Die Innenstadtparks

Die Stadt Köln war für Jahrhunderte Gefangene ihrer eigenen Sicherheitspolitik, denn die mächtige Stadtmauer schützte das innere Stadtgebiet nicht nur, sondern engte es auch ein. Das verstärkte Sicherheitsdenken führte 1814, nach dem Einzug der Preußen ins Rheinland, zum Bau einer Kette von Forts und den dazugehörenden Glacis rund um die Stadt. Diese Festungsanlagen wurden durch den Fortschritt der Wehrtechnik zunehmend überflüssiger und daher später außer Dienst gestellt. Nach dem Abriß der Stadtmauer und der davorliegenden Festungswerke um 1900 bildeten die freiwerdenden Areale die Grundlage für die Innenstadtparks. Die ältesten sind der Stadtgarten, der Volksgarten und der Hindenburgpark.

Der schon 1801 noch zur Franzosenzeit von dem Gartenarchitekten Friedrich Weyhe angelegte Botanische Garten am Dom war der erste seiner Art in Köln. Mitte des 19. Jahrhunderts mußte er dem Bau des neuen Centralbahnhofs, dem späteren Hauptbahnhof, weichen. 1863 entstand als private Initiative einiger Kölner Bürger die Flora. Auch anstelle der alten Stadtmauer entstanden hauptsächlich im Bereich der Ringe umfangreiche Grünanlagen. Von diesen kann man heute nur noch die zwischen Ebertplatz und Bastei gelegene als echte grüne Oase bezeichnen. Doch in den letzten Jahrzehnten wurden in der Stadt auch neue attraktive Grünanlagen geschaffen. Der 1984 am Altstadtufer angelegte Rheingarten ist der jüngste dieser Innenstadtparks. Auf der Deutzer Rheinseite, die allerdings nicht mehr zum Themenbereich dieses Buches gehört, entstand nach dem Zweiten Weltkrieg der Rheinpark, der mit seinen verschiedenen Freizeitangeboten wie dem Tanzbrunnen, der Claudius-Therme und der Seilbahn zum Zoo ebenfalls eine grüne Attraktion Kölns darstellt.

32. Der Volksgarten in der Südstadt

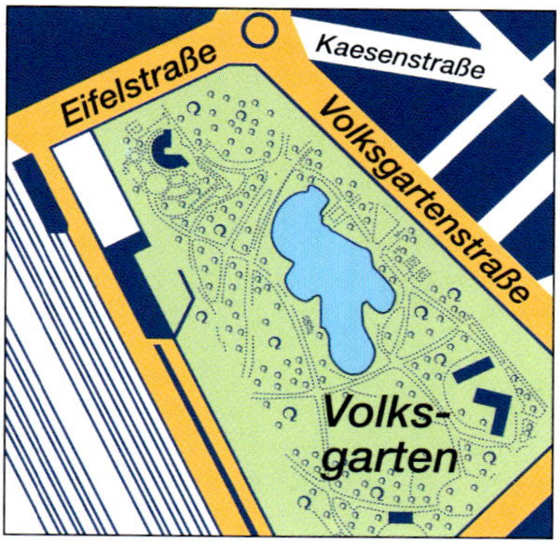

Zwischen Eifelplatz und Vorgebirgsstraße liegt der Volksgarten, heute ein grünes Naherholungsgebiet für die Großstadtmenschen der Südstadt. Mit dem schönen Baumbestand, dem großen Kahnweiher und den weitflächigen Liegewiesen bietet er alles, was das Herz des asphaltmüden Großstädters begehrt. Der gemütliche Biergarten in der Mitte ist da nur das Tüpfelchen auf dem „i". Hier kann man sich zwischen Vorgebirgswall und Volksgartenstraße bei „Mutter Grün" erholen.

Die Entstehung dieses großen Innenstadtparks hing ursächlich mit der Entscheidung der preußischen Regierung zusammen, die Festungsanlagen rund um die Stadt zu entfernen und für zivile Zwecke zu nutzen. Damit wurden auch hier große militärische Flächen frei, die der um 1900 neu entstandenen vornehmen Südstadt zusätzliche Attraktivität verliehen. Den Mittelpunkt des neuen Parks bildete das ehemalige Fort IV an der Eifelstraße. Diesem Beispiel sollten im Stadtgebiet und später im Grün-

Links: Der Kahnweiher in der Mitte des Parks bietet viele Möglichkeiten der Entspannung, von der Ruderpartie bis zum Biergartenbesuch.

Das Foto von 1895 zeigt die ehemalige große Volksgartengastronomie am Eifelplatz, von der heute nur noch die Fundamente vorhanden sind.

gürtel noch viele andere folgen. Das Fort ist heute noch – wenn auch verborgen hinter einem dichten Baumbestand – in seinen Überresten vorhanden. Von dem großen Volksgarten-Restaurant am Eifelplatz ist dagegen nichts mehr übrig geblieben. Dieses um 1900 im typischen Stil der Jahrhundertwende errichtete Haus mit vielen Türmchen und Balkonen bot von seiner großen Terrasse einen herrlichen Blick auf den Park und den Kahnweiher. Auch der Musikpavillon auf der Parkseite war eine Attraktion im damaligen Kulturleben der Stadt. Man kann sich heute nur sehr schwer vorstellen, daß das städtische Symphonieorchester hier jährlich sechzig Konzerte gab. Darüber hinaus existierten im Park mehrere große Gewächshäuser, von denen heute noch eines, das unter Denkmalschutz steht, im Winter zahlreiche der städtischen Grünpflanzen beherbergt. Ein Rosengarten und ein Reitplatz an der Vorgebirgsstraße dokumentieren zusätzlich, wie vornehm die Parkanlage zu dieser Zeit war.

Der Volksgarten ist inzwischen zwar weniger exklusiv als früher, dafür wird er aber heute eher seinem Namen gerecht. Geblieben ist der rege Zuspruch der Bevölkerung: Mütter, die ihre Kinderwagen in die Frühlingssonne schieben, Südstadtkünstler, die von zukünftigem Ruhm träumen, picknickende Südländer mit Kind und Kegel, Väter, die mit ihren Kindern eine Kahnpartie auf dem Weiher machen, verliebte Pärchen, die sich nach einem einsamen Plätzchen umsehen, und joggende Yuppies, die zielstrebig ihrer Karriere entgegenlaufen. Die meisten von ihnen treffen sich letztlich im Biergarten am See, um mit einem kühlen Getränk oder einem kleinen Imbiß den Morgen, Mittag oder Abend zu beschließen.

Rechts: Versteckt hinter hohen Bäumen findet man noch heute die Türme der früheren preußischen Festungsanlage. Das martialische Ambiente des Forts IV mußte den dort geschaffenen Blumenbeeten und lauschigen Spazierwegen weichen.

Foto des Kahnweihers von 1895. In der Mitte des Weihers befand sich schon damals eine Fontäne. Im Hintergrund sieht man die Türme des Park-Restaurants.

33. Der Römerpark bei der alten Universität

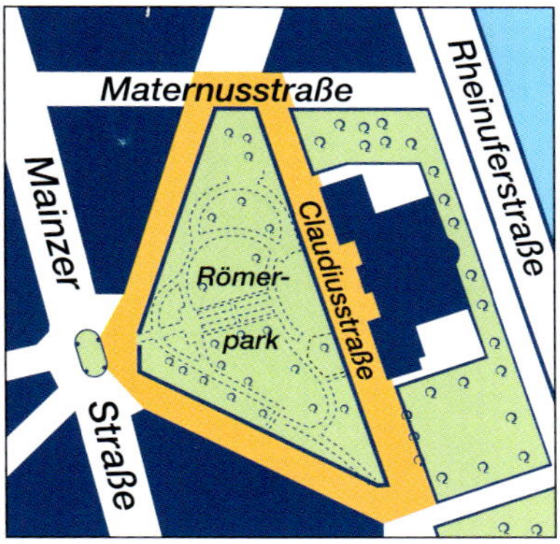

Unter den Kölner Innenstadtparks gibt es wohl keinen, der ein so gemischtes Publikum aufweist wie der Römerpark am Rheinufer. Hier tummeln sich an warmen Sommertagen die verschiedensten Gruppen in schöner Eintracht nebeneinander. Da sitzen Rentner beim morgendlichen Zeitungslesen, da schlafen Zecher ihren Rausch aus, da diskutieren alternative Eltern über die richtige Erziehungsform, da halten Studentengruppen unter den großen Kastanienbäumen Seminare, da spielt die Thekenmannschaft vom *Backes* gegen *Lokomotive Nippes* „im Loch“, einem versteckt liegenden Fußballplatz, und da führen gutbürgerliche ältere Damen ihre Hunde spazieren. Dazwischen flitzen immer wieder einsame Jogger herum, mit dem Walkman auf den Ohren und dem neuesten Outfit am verschwitzten Körper. Das alles läuft reibungslos nebeneinander her

Links: Über einen breiten mit Blumenbeeten bepflanzten Durchgang gelangt man vom „Eierplätzchen“ aus zum Gebäude der heutigen Fachhochschule.

Die von Professor Christian Eckert wiedergegründete Universität am Römerpark bestand dort von 1919 bis zu ihrer Verlegung nach Lindenthal 1934.

und niemand sagt dem anderen, was er zu tun oder zu lassen hat. In früheren Jahren „trainierte" im Park auch täglich die *Klammerjass-Akademie*, eine Gruppe von Rentnern aus dem Severinsviertel, die hier dem beliebten kölschen Kartenspiel „Klammerjass" frönte.
Gartenhistorisch entstand der Römerpark kurz vor der Jahrhundertwende. Er hat die Form eines Dreiecks, das an der Längsseite zum Rheinufer hin von dem Gebäude der Fachhochschule abgeschlossen wird. Dieses Gebäude entstand 1907 als Sitz der Handelshochschule, der Vorgängerin der späteren Universität, die hier 1919, fast 120 Jahre nach der Schließung durch die Franzosen, wiedergegründet wurde. Nach dem Umzug der Universität in die neuen Gebäude am inneren Grüngürtel 1934 übernahm die Gauleitung der NSDAP die nun freigewordenen Räume, in denen sie bis 1945 verblieb. Nach dem Kriege bezog zuerst die Hauptverwaltung der Lufthansa das notdürftig wiederhergestellte Gebäude, danach die Musikhochschule und andere Hochschuleinrichtungen. Der Römerpark blieb unverändert bis auf das Verschwinden des ehemaligen Park-Cafés. Heute bietet das neue Römerpark-Café am „Eierplätzchen", dem Eingang des Römerparks an der Trajanstraße, eine gute Möglichkeit, den Spaziergang bei einem Kaffee oder Kölsch ausklingen zu lassen.
In den letzten Jahrzehnten erfuhr das Viertel zwischen der Bonner Straße und dem Rheinufer einen bevölkerungsspezifischen Umbruch. Waren hier früher die großbürgerlichen Haushalte in der Überzahl, so zogen nun vor allem junge Leute, die in Kunst- und Medienberufen tätig sind, sowie der neue alternative Mittelstand in die attraktiven Altbauwohnungen ein. Der schöne Baumbestand entwickelte sich im Laufe der Jahrzehnte prächtig. In Kombination mit dem benachbarten Friedenspark bildet er einen Grünbereich, den besonders die Bewohner der Südstadt selbst begeistert nutzen.

Rechts: Studieren unter blühenden Kastanien, das kann man nur im Römerpark. Studierende auf der Liegewiese vor der Fachhochschule.

Blick von Westen auf die 1907 errichteten Gebäude. Nachdem sie zuerst die Handelshochschule beherbergten, zog hier 1919 die neugegründete Universität ein.

34. Der Friedenspark unterhalb der Südbrücke

Der Friedenspark liegt in dem Viereck des Agrippa-Ufers, der Gleisrampe der Südbrücke, des Oberländer Walls und der Südseite des Römerparks. Er entstand während des Ersten Weltkriegs und ist eine Arbeit des bekannten Gartenarchitekten Fritz Enke. Vor der Niederlegung des preußischen Verteidigungsgürtels rund um Köln befand sich hier das Kernwerk, die Zentrale aller Forts des inneren Festungsrings. Die heute noch erkennbaren Gräben wurden teilweise aufgeschüttet und dann mit Bäumen, Ziersträuchern und Blumenbeeten bepflanzt. Durch das ständige Auf und Ab von verschieden hohen Laufebenen entstanden sehr interessante Spazierwege und Durchblicke.

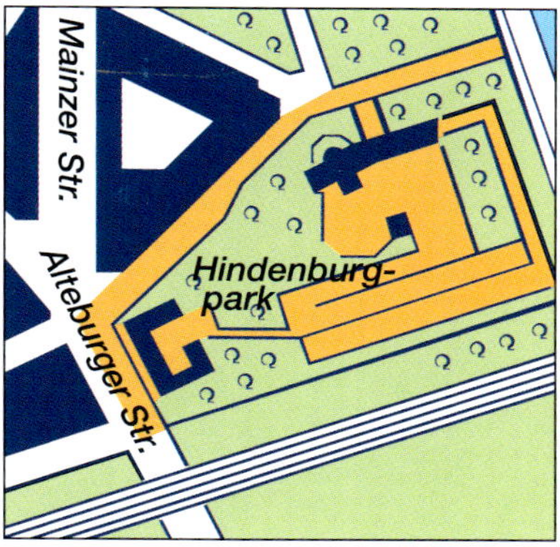

Links: Durch ein mit Efeu überwachsenes Tor gelangt man vom Römerpark in das Innere des Friedensparks. Rechts hinter dem Toreingang befindet sich der Aufgang zur Terrasse.

Im Mittelpunkt des Parks steht nach wie vor das massige Kernwerk, auf dessen Dachterrasse

Auf der Terrasse, dem Dach des ehemaligen Forts, steht auf einem Backsteinsockel der Adler mit gespreizten Flügeln des Bildhauers G. Grasegger.

Oben: Versteckt hinter Hecken, an der Südbrücke, befindet sich einer der Eingänge zu den hier gelegenen Gartenlauben.
Rechts: Die Glyzinien-Pergola auf dem erhöhten Plateau führt vom Eingang in den hinteren Teil des Friedensparks.

sich das von Otto Scheib gestaltete Kriegerdenkmal für die Toten des Ersten Weltkrieges befindet: Ein gewaltiger Bronzeadler, entworfen von Professor Georg Grasegger, dem Schöpfer des Jülichbrunnens, blickt auf einer zehn Meter hohen Backsteinsäule noch immer majestätisch nach Norden. Nach 1945 wurde eine zusätzliche Gedenktafel für die Toten des letzten Weltkrieges angebracht. Von hier oben überblickt man den ganzen Park bis hinunter zum Rhein.
Mitte der zwanziger Jahre befand sich in der großen Innenhalle des ehemaligen Forts die Mensa der benachbarten alten Universität und im letzten Weltkrieg suchte die Bevölkerung der angrenzenden Wohnviertel in dem massiv gebauten Fort mit seinen meterdicken Mauern Schutz.
Besonders die farbenfrohe Baumblüte im Frühling ist ein guter Grund zu einem Besuch des Friedensparks. Im Sommer sind es eher die ausgedehnten Liegewiesen unter schattigen Bäumen, die zum Verweilen einladen. Im Herbst locken die letzten Rosen und das bunte Laub zu einem Spaziergang durch den Park.

Nur den einheimischen „Südstädtern" bekannt, die „Alteburg". Restaurant, Kneipe und Treffpunkt für Lebenskünstler und andere Menschen aus dem Viertel.

Der martialische Eindruck der Anlage mit Kriegerdenkmal und Schießscharten wurde in den letzten Jahrzehnten stark verändert. Kindergärten und Spielplätze bestimmen nun das Bild. Im Innenhof der ehemaligen Festung entstand ein Abenteuer-Spielplatz und in den Innenräumen arbeiten nun Künstler statt Kriegern an ihren Werken.
Zur Südbrücke hin hat sich eine Laubenkolonie etabliert, wo die Leute aus dem Viertel im Sommer ihre Freizeit verbringen und in der ein Imker seine Bienenkörbe aufgestellt hat. Hinter dem Bahndamm an der Alteburger Straße befindet sich die „Alteburg", ein alternatives Gartenlokal, das ein Südstadt-Künstler mit eigenen Plastiken dekoriert hat. Drinnen und draußen trifft sich an schönen Sommerabenden die Jugend der Südstadt zum Bier und zu leckerem Essen. Das Lokal ist noch ein touristischer „Geheimtip", was es aber sicherlich nicht mehr lange bleiben wird.
Tagsüber bestimmen die Kinder das Bild des Friedensparks. Abends aber treffen sich in der „Liebes-Allee", die aus mehreren von dichten Hecken umgebenen, lauschigen Winkeln mit Parkbänken besteht, die Liebespärchen zum ungestörten Schmusen, was die Jüngeren auch zu manchem Unfug animiert. Doch alles in allem ist die Atmosphäre des Parks so friedlich, wie es sein heutiger Name ausdrückt.
Nach einem Rundgang, der mit einem Besuch des benachbarten Römerparks verbunden werden kann, bietet sich der Weg in den Biergarten des *Küppers Brauhauses* an. Und wenn Sie dann noch immer Lust zum Wandern haben, können Sie entweder über die Südbrücke zur Poller Wiese oder auf dieser Flußseite auf dem Rheinuferweg bis nach Rodenkirchen gehen.

Unten: Liebesallee im Friedenspark.

Rechts: Blick von Osten in den Friedenspark. Auf halber Treppe ein markanter Brunnen, der heute leider nicht mehr in Betrieb ist.

35. Der Stadtgarten an der Venloer Straße

Der Stadtgarten an der Venloer Straße ist die älteste öffentliche Parkanlage Kölns. Auch sie wurde erst durch die Entfernung bzw. Verkleinerung der umfangreichen Festungsanlagen rund um die Stadt möglich. Bereits vor dem Abriß der mittelalterlichen Stadtmauer um 1880 entstand hier, im Westen außerhalb der Mauern, eine Parkanlage besonderer Art. Sie war eine Initiative der *Kommission für städtische*

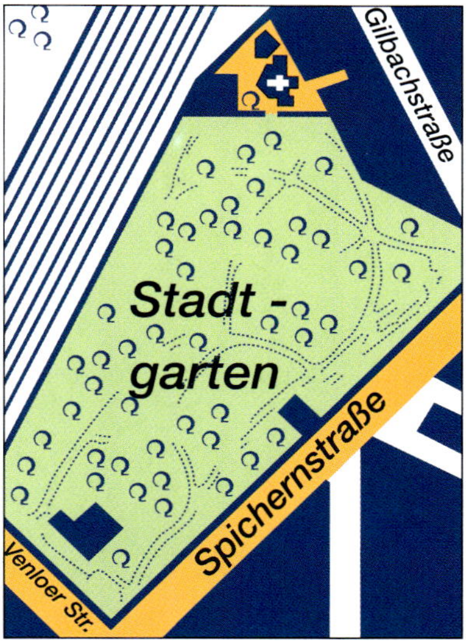

Links: Die schattigen alten Bäume laden den Spaziergänger zum Verweilen ein. – Rechts unten: Im Hintergrund des Parks an der Rückseite der Gilbachstraße befindet sich die sehenswerte, vom Kölner Architekten Hans Schilling gebaute Kirche St. Alban.

Hoch über dem Park der Fernsehturm an der Inneren Kanalstraße.

Anlagen und Verschönerung der Stadt Köln, einem Verschönerungsverein, der sich bereits 1822 gegründet hatte. Die Stadt Köln beauftragte den Gartenarchitekten Jakob Greiß mit der Gesamtplanung und bereits 1827 konnte das elf Hektar große Parkgelände eröffnet werden. Anfangs wurden die Anlagen allerdings sehr stark kommerziell genutzt, denn etwa 30 Morgen des Stadtgartens bestanden aus einer Baumschule für Obst-, Zier- und Forstpflanzen zur Begrünung der sprunghaft anwachsenden Stadt, die immense Mengen an Pflanzen und Bäumen benötigte. Der restliche Teil war ein parkähnlicher Garten mit einem zwischen 1866 und 1870 errichteten Restaurant, zu dem eine große Terrasse mit Konzertpavillon und ein Biergarten gehörte. Am nördlichen Rand des Gartens, an der Stelle der heutigen St. Alban-Kirche, befand sich ein landwirtschaftlicher Betrieb mit den letzten Milchviehbeständen der Stadt, der damals etwas beschönigend als „Milch-Kuranstalt“ bezeichnet wurde.

Im Jahre 1882 mußte der Park eine erhebliche Verkleinerung hinnehmen. Der dadurch freiwerdende Raum wurde für den neuen Eisenbahnring und den Bau des Westbahnhofs benötigt. Diesem Zweck wurde fast die Hälfte des Parkgeländes geopfert.

Um 1900 fuhren immer mehr Kölner Ausflügler sonntags mit der Pferdebahn zum Stadtgarten, um sich dort im schattigen Biergarten zu erfrischen oder auf der Terrasse einem Konzert zu lauschen. In den Annoncen warb das Stadtgarten-Restaurant für sich als „Haus 1. Ranges mit einem internationalen Angebot an Speisen und Getränken“.

Im Zweiten Weltkrieg wurde das alte Stadtgarten-Restaurant durch Bomben zerstört. Durch seine Nähe zur strategisch wichtigen Eisenbahnlinie erlitt auch der Baumbestand des Parks starke Schäden. Den Rest besorgten in der ersten Zeit nach Kriegsende die Bewohner der Umgebung, die fast den gesamten Baumbestand des Parks als Heizmaterial verbrauchten. Doch auch diese Zeit ging vorüber und die Wiederherstellung des Stadtgartens begann. An der Gilbachstraße baute der Architekt Hans Schilling aus den Backsteinresten des alten Opernhauses am Rudolfplatz die neue St. Alban-Kirche, eines der reifsten Beispiele moderner Kölner Nachkriegsarchitektur.

Das nach dem Kriege neu errichtete Stadtgarten-Restaurant wurde in den achtziger Jahren zum „Jazz-Haus“ umfunktioniert, wo bis heute in regelmäßigen Abständen die Elite der internationalen Jazzer zu Gast ist. Im neuen Biergarten sitzt man nun wieder ebenso gut wie früher beim kühlen Kölsch.

Rechts: Einen weiträumigen Blick gewähren die breiten Rasenflächen unter dem alten Baumbestand.

36. Das Museum für Ostasiatische Kunst am Aachener Weiher

An der Inneren Kanalstraße in Höhe der Kreuzung von Universitäts- und Aachener Straße gelangen wir an den äußersten Punkt unserer Wanderung durch Kölner Oasen. Wer hier einmal einen Spaziergang gemacht hat, der kann sich dem Charme und dem eigenartigen Flair dieses Ortes nicht mehr entziehen. Entstanden ist die Anlage des Aachener Weihers auf Initiative des Oberbürgermeisters Konrad Adenauer, der den Gartenarchitekten Fritz Schumacher mit der Planung eines inneren Grüngürtels auf den freigewordenen Flächen der ehemaligen Festungsanlagen der Stadt beauftragte. Der Aachener Weiher war ein Teil dieser Planung aus der Zeit zwischen 1917 und 1923, die Ende der zwanziger Jahre auch realisiert wurde. In einer früheren Nutzungsplanung hatte man an der Stelle des Aachener Weihers den neuen Kölner Hauptbahnhof mit einem dazugehörigen Groß-Hotel bauen wollen. Dieser Plan kam aber glücklicherweise nicht zur Ausführung.

Auf den ersten Blick gleicht der Parkweiher vielen anderen im heutigen grünen Köln. Doch bei näherem Hinsehen findet man am westlichen Ufer schnell den Grund für die eigenartige Atmosphäre dieses Platzes: das Museum für Ostasiatische Kunst

Besonders in der Zeit der Kirschblüte lohnt sich ein Spaziergang rund um den Aachener Weiher mit gleichzeitigem Museumsbesuch.

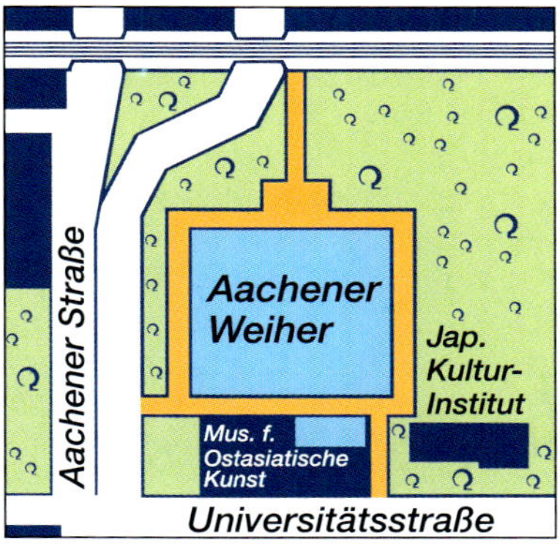

der Stadt Köln und gleich daneben das japanische Kulturinstitut, das den fernöstlichen Eindruck noch verstärkt. Besonders von der Wasserseite aus gesehen gleicht das Ambiente einem japanischen Garten. Das Museum für Ostasiatische Kunst wurde schon 1913 gegründet und befand sich damals auf dem Hansaring neben dem Kunstgewerbemuseum. Es umfaßt Malerei und Plastiken aus China, Japan und Korea. Die umfangreichen Exponate wurden von ihren ursprünglichen Besitzern, den Kölner Sammlern Professor Adolf Fischer und seiner Frau Frieda Fischer, bereits 1909 der Stadt Köln unter der Bedingung vermacht, ein adäquates Museum dafür einzurichten. Das Haus am Hansaring fiel aber wie so vieles andere in Köln den Bomben des Zweiten Weltkrieges zum Opfer.

In den Jahren der Naziherrschaft wurde an der Stelle des heutigen Museums ein überdimensionales „Haus der Kunst“ begonnen, das aber nie über seine Fundamente hinauskam.

Lange Jahre waren sie an dieser Stelle der Inneren Kanalstraße im dichten Gebüsch versteckt, bis man den Platz zu neuen, besseren Zwecken nutzte. Der Neuanfang wurde 1977 gemacht und konnte sich dann auch sehen lassen. Nach einem Wettbewerb zwischen drei Architekten beauftragte die Stadt Köln Kunio Maye Kawa, einen japanischen Schüler von Le Corbusier. Er schuf mit seinem architektonischen Meisterwerk eine harmonische Verbindung von Kunst und Natur, wie die Kritiker schon bei der Eröffnung am 2. Dezember 1977 feststellten. Heute gilt das Museum für Ostasiatische Kunst als das größte außerhalb Japans.
Die neben dem normalen Museumsbetrieb stattfindenden Ausstellungen, vor allem aber die Sammlung des Ehepaars Fischer, lohnen immer einen Besuch, den Sie mit einem Rundgang um den Weiher verbinden können.
Wer nach einem Rundgang durch das wunderschöne Museum an einem sonnigen Frühlingstag in der Cafeteria des Museums bei einer Tasse Tee über den Weiher blickt, der wird von dem Charme der Anlage und der architektonischen Kunst des Hauses begeistert sein – vor allem im Frühling, wenn die Kirschbäume blühen und die Schwäne auf dem Wasser majestätisch ihre Bahnen ziehen.

Rechts: Der vom Aachener Weiher durch eine Holzbrücke getrennte kleine Ententeich vor der Ostseite des Museums verstärkt den fernöstlichen Charakter dieses Blickwinkels. Auch das Gebäude des benachbarten Japanischen Instituts trägt seinen Teil zu diesem Eindruck bei.

Blick von Osten her auf die Cafeteria des Museums für Ostasiatische Kunst. Hier kann ein Spaziergang beginnen oder enden. Auf jeden Fall ist dies einer der schönsten Orte von allen in diesem Buch beschriebenen Kölner Oasen.

Ausgewählte Literatur

BENDER, Franz: Illustrierte Geschichte der Stadt Köln. Köln 1933.

CLEMEN, Paul: Die Kunstdenkmäler der Rheinprovinz. Düsseldorf 1916.

ENNEN, Leonard: Geschichte der Stadt Köln, Band 1-5. Köln und Neuss 1863.

FUCHS, Peter: Chronik zur Geschichte der Stadt Köln, Band 2. Köln ^{2}1993.

GREFE, Uta: Köln in frühen Photographien 1847-1914. München 1988.

HÄSSLIN, Johann Jakob: Das Buch Weinsberg. Köln 1990.

KEUSSEN, Hermann: Topographie der Stadt Köln im Mittelalter, Nachdruck. Düsseldorf 1986.

MATHAR, Franz: Prosit Colonia! Die vergessenen und die unvergessenen Brauereien, Bier- und Brauhäuser Kölns. Köln 1999.

MATHAR, Franz und Rudolf SPIEGEL: Kölsche Bier- und Brauhäuser. Köln 1989.

PALM, Johann: Der Neumarkt im Wandel der Jahrhunderte. Köln 1989.

SCHÄFKE, Werner: Der Name der Freiheit 1288-1988. Köln 1988.

SCHÄFKE, Werner: Köln. Zwei Jahrtausende Kunst, Geschichte und Kultur. Köln 1988.

SCHEBEN, Wilhelm: Die Zunft der Brauer in Köln. Köln 1880.

SIGNON, Helmut: Alle Straßen führen durch Köln. Köln 1975.

STEIMEL, Robert: Kölner Köpfe. Köln 1958.

TIETZ-LASOTTA, Irmgard: Kölnisches Stadtmuseum, Auswahlkatalog. Köln 1984.

WAGNER, Rita und Ulrich BOCK: Die Kölner Kartause um 1500, Ausstellungskatalog Kölnisches Stadtmuseum. Köln 1991.

Bildnachweis

Archiv 4711: S. 33

Archiv Brauerei Päffgen: S. 117, 118

Archiv Hotel im Wasserturm: S. 162, 164

Archiv Karl Berbuer: S. 186

Bavaria Luftbild Verlags GmbH: S. 181

Erzbischöfliche Diözesan- und Dombibliothek Köln: S. 10

Ed.Hölzermann, Alt Köln: S.13, 24

Foto Alfred Koch: S. 33

Fotos Franz Mathar: S. 35, 37, 38, 40, 41, 42, 43, 44, 45, 46, 48, 49, 50, 52, 53, 54, 56, 57, 58, 59, 61, 62, 64, 65, 66, 68, 70, 71, 72, 73, 75, 76, 78, 80, 82, 83, 84, 86, 88, 89, 90, 93, 94, 96, 97, 98, 99, 100a, 100b, 101, 102, 104, 105, 106, 109, 110, 111, 112, 114, 115, 119, 123 124, 127, 128, 130, 131, 132, 134, 136, 137, 138, 139, 140, 142, 143 144, 145, 146, 149, 151, 152, 154a, 154b, 155, 157, 159, 160, 163, 165, 166, 168, 170, 171, 172, 174, 175, 176, 177, 178, 179, 180, 184, 185, 186, 187, 188, 191, 192, 195, 196, 198, 201, 202, 205, 206, 207, 208a, 208b, 209, 210, 211, 212, 213, 214, 215, 216, 218, 219

Foto Siegfried Himmer: S. 116

Foto Heinz Meichsner: S. 47a

Karmeliterinnen Maria vom Frieden: S. 182, 183a, 183b

Kölnisches Stadtmuseum, Rheinisches Bildarchiv: S. 14, 15, 18, 20, 22, 23, 25, 28, 69, 74, 77, 78, 81, 91, 92, 96, 103, 120, 125, 126, 135, 136, 141, 147, 150, 189, 190

New York, Frick Collection (Inventar-Nr 14.1.119): S. 17

Privatbesitz Köln: S. 16

Rheinisches Bildarchiv , August Sander (2): S. 27, 29, 30, 51, 55, 63, 95, 148, 169, 173, 182, 203

Römisch-Germanisches Museum: S. 8

Sammlung Louis der Kreissparkasse Köln: S. 47b

Schaar & Dathe, Trier 1895: S. 26, 87, 199, 200

Universitätsbibliothek Heidelberg: S. 11

Wallraf-Richartz-Museum: S. 12

Josef Abt/Joh. Ralf Beines – Texte
Celia Körber-Leupold – Fotos

Melaten

Kölner Gräber und Geschichte

Führer über den berühmten Kölner Friedhof. Ein anschauliches Zeugnis der Wirtschafts-, Sozial-, Stadt- und Kunstgeschichte Kölns. Herausragende Beispiele bildhauerischer Kunst – bemerkenswerte Biographien – fünf Rundgänge – Beschreibung der Hochbauten.

256 Seiten mit 48 vierfarbigen und 223 schwarz-weißen Abbildungen, sechs Pläne;
Format 13 x 24 cm, farbiger Einband,
DM 28,–
ISBN 3 7743 0305 3

Greven Verlag Köln

René Zey
Parks in Köln
Ein Führer
durch die Grünanlagen